THÉATRE COMPLET

DE

ALEX. DUMAS

XVII

URBAIN GRANDIER
LE VINGT-QUATRE FÉVRIER — LA CHASSE AU CHASTRE

NOUVELLE ÉDITION

PARIS
MICHEL LÉVY FRÈRES, ÉDITEURS
RUE AUBER, 3, PLACE DE L'OPÉRA

LIBRAIRIE NOUVELLE
BOULEVARD DES ITALIENS, 15, AU COIN DE LA RUE DE GRAMMONT

1874

Droits de reproduction et de traduction réservés

COLLECTION MICHEL LÉVY

ŒUVRES COMPLÈTES

D'ALEXANDRE DUMAS

THÉATRE

XVII

OEUVRES COMPLÈTES D'ALEXANDRE DUMAS
PUBLIÉES DANS LA COLLECTION MICHEL LÉVY

Acté... 1	— Le Caucase... 3
Amaury... 1	— Le Corricolo... 2
Ange Pitou... 2	— Le Midi de la France... 2
Ascanio... 2	— De Paris à Cadix... 2
Une Aventure d'amour... 1	— Quinze jours au Sinaï... 1
Aventures de John Davys... 2	— En Russie... 4
Les Baleiniers... 2	— Le Speronare... 2
Le Bâtard de Mauléon... 3	— Le Véloce... 2
Black... 1	— La Villa Palmieri... 1
Les Blancs et les Bleus... 3	Ingénue... 2
La Bouillie de la comtesse Berthe. 1	Isabel de Bavière... 2
La Boule de neige... 1	Italiens et Flamands... 2
Bric-à-Brac... 2	Ivanhoe de Walter Scott (traduction) 2
Un Cadet de famille... 3	Jacques Ortis... 1
Le Capitaine Pamphile... 1	Jacquot sans Oreilles... 1
Le Capitaine Paul... 1	Jane... 1
Le Capitaine Rhino... 1	Jehanne la Pucelle... 1
Le Capitaine Richard... 1	Louis XIV et son Siècle... 4
Catherine Blum... 1	Louis XV et sa Cour... 2
Causeries... 2	Louis XVI et la Révolution... 2
Cécile... 1	Les Louves de Machecoul... 3
Charles le Téméraire... 2	Madame de Chamblay... 2
Le Chasseur de Sauvagine... 1	La Maison de glace... 2
Le Château d'Eppstein... 2	Le Maître d'armes... 1
Le Chevalier d'Harmental... 2	Les Mariages du père Olifus... 1
Le Chevalier de Maison-Rouge... 2	Les Médicis... 1
Le Collier de la reine... 3	Mes Mémoires... 10
La Colombe. — Maître Adam le Calabrais. 1	Mémoires de Garibaldi... 2
Le Comte de Monte-Cristo... 6	Mémoires d'une aveugle... 2
La Comtesse de Charny... 6	Mémoires d'un médecin : Balsamo. 5
La Comtesse de Salisbury... 2	Le Meneur de loups... 1
Les Compagnons de Jéhu... 3	Les Mille et un Fantômes... 1
Les Confessions de la marquise... 2	Les Mohicans de Paris... 4
Conscience l'Innocent... 1	Les Morts vont vite... 2
Création et Rédemption. — Le Docteur mystérieux... 2	Napoléon... 1
— La Fille du Marquis... 2	Une Nuit à Florence... 1
La Dame de Monsoreau... 3	Olympe de Clèves... 3
La Dame de Volupté... 2	Le Page du duc de Savoie... 2
Les Deux Diane... 3	Parisiens et Provinciaux... 1
Les Deux Reines... 2	Le Pasteur d'Ashbourn... 2
Dieu dispose... 2	Pauline et Pascal Bruno... 1
Le Drame de 93... 3	Un Pays inconnu... 2
Les Drames de la mer... 1	Le Père Gigogne... 1
Les Drames galants. — La Marquise d'Escoman... 2	Le Père la Ruine... 2
	Le Prince des Voleurs... 2
La Femme au collier de velours. 1	La Princesse de Monaco... 2
Fernande... 1	La Princesse Flora... 1
Une Fille du régent... 1	Les Quarante-Cinq... 3
Filles, Lorettes et Courtisanes... 1	La Régence... 1
Le Fils du forçat... 1	La Reine Margot... 2
Les Frères corses... 1	Robin Hood le Proscrit... 2
Gabriel Lambert... 1	La Route de Varennes... 1
Les Garibaldiens... 1	Le Salteador... 1
Gaule et France... 1	Salvator (suite des Mohicans de Paris). 5
Georges... 1	Souvenirs d'Antony... 1
Un Gil Blas en Californie... 1	Les Stuarts... 1
Les Grands Hommes en robe de chambre : César... 2	Sultanetta... 1
	Sylvandire... 1
—Henri IV, Louis XIII, Richelieu. 2	La Terreur prussienne... 2
La Guerre des femmes... 2	Le Testament de M. Chauvelin. 1
Histoire d'un casse-noisette... 1	Théâtre complet... 25
Les Hommes de fer... 1	Trois Maîtres... 1
L'Horoscope... 1	Les Trois Mousquetaires... 1
L'Ile de Feu... 2	Le Trou de l'enfer... 2
Impressions de voyage : En Suisse. 3	La Tulipe noire... 1
— Une Année à Florence... 1	Le Vicomte de Bragelonne... 6
— L'Arabie Heureuse... 3	La Vie au Désert... 2
— Les Bords du Rhin... 2	Une Vie d'artiste... 1
— Le Capitaine Arena... 1	Vingt Ans après... 3

URBAIN GRANDIER

DRAME EN CINQ ACTES ET UN PROLOGUE

TREIZE TABLEAUX

EN SOCIÉTÉ AVEC M. AUGUSTE MAQUET

Théâtre-Historique. — 30 mars 1850.

DISTRIBUTION

URBAIN GRANDIER.................... MM.	MÉLINGUE.
LE CARDINAL-DUC DE RICHELIEU..........	ALEXANDRE G.
MAURIZIO.................................	ROUVIÈRE.
OLIVIER DE SOURDIS......................	PIERRON.
LAUBARDEMONT...........................	CRETTE.
L'ABBÉ GRILLAU...........................	BARRÉ.
LE BAILLI.................................	SAINT-LÉON.
MIGNON...................................	GEORGES.
LE MARÉCHAL DE SCHOMBERG.............	PEUPIN.
NOGARET..................................	HIPP. ARMAND.
BARACÉ...................................	BERTHOLLET.
UN PRÊTRE...............................	BONNET.
UN EXEMPT...............................	BEAULIEU.
UN GREFFIER.............................	VIDEIX.
DEUX HOMMES DU PEUPLE................	MANSTEIN. / MARCHEVILLE.
UN RELIGIEUX............................	TOURNOT.
DEUX DOMESTIQUES......................	DÉSIRÉ. / MALINES.
DEUX SENTINELLES.......................	ARMAND. / GUSTAVE.
UN GEÔLIER..............................	PAUL.
UN SUISSE................................	MOREL.
UN POSTILLON............................	SERRES.
DANIEL............................ Mmes	HORTENSE JOUVE.
JEANNE DE LAUBARDEMONT..............	PERSON.
URSULE DE SABLÉ........................	REY.
LA COMTESSE............................	ASTRUC.
MADAME GRANDIER......................	DAUBRUN.
BIANCA...................................	MATHILDE.
UNE SŒUR................................	LOUISE.
FEMMES DU PEUPLE......................	PELLETIER. / HELOÏSE. / CONSTANCE. / HUMBLET.

BALLET

Mlles SIDONIE, PETIT, CERETTA, CORALY, LAURENTINE, MARIETTE.

PROLOGUE

PREMIER TABLEAU

Une grande terrasse à arcades surmontée d'une galerie et tenant toute la largeur du théâtre. — A gauche, un pavillon avec balcon praticable. A droite, une entrée avec un escalier de huit ou dix marches montant à un étage supérieur. On parvient à la terrasse par un grand escalier pareil à l'autre et qui est appuyé au pavillon de gauche. A travers les arcades, on aperçoit la ville de Casal, puis la plaine, puis, au delà de la plaine, la chaîne neigeuse des Alpes.

SCÈNE PREMIÈRE

Une Sentinelle, au pied de l'escalier; TROIS ou QUATRE Serviteurs de la maison, groupés sur la terrasse.

PREMIER SERVITEUR, regardant.

C'est lui!

DEUXIÈME SERVITEUR.

Mais non; puisqu'il est à Mantoue, comment veux-tu que ce soit lui?

PREMIER SERVITEUR.

Eh bien, il arrive de Mantoue. Parce qu'il avait quitté Casal, as-tu cru qu'il n'y reviendrait jamais?

UNE FEMME.

Moi, je suis de l'avis de Bartolomeo, je crois que c'est lui.

PREMIER SERVITEUR.

C'est si bien lui, qu'il monte le même cheval qu'il avait quand il est parti il y a trois mois.

LA FEMME.

Ah! maintenant, je le reconnais... C'est madame la comtesse qui va être joyeuse!

PREMIER SERVITEUR.

C'est mademoiselle Bianca qui va être triste!

DEUXIÈME SERVITEUR.

Triste de revoir son frère?

PREMIER SERVITEUR.

Tais-toi donc ! un homme qui est cause que l'on entre au couvent quand on aimerait mieux se marier, est-ce que cela s'appelle un frère ?

LA FEMME.

Oh ! je veux être la première à annoncer cette bonne nouvelle à madame la comtesse.

PREMIER SERVITEUR.

C'est cela, faites votre cour !

LA FEMME.

Qu'est-ce que cela te fait ? Ce n'est point à tes dépens. (Appelant.) Madame la comtesse ! madame la comtesse !

SCÈNE II

LES MÊMES, LA COMTESSE, au haut de l'escalier ; puis MAURIZIO, montant l'escalier tandis que sa mère le descend.

LA COMTESSE.

Eh bien, que signifie tout ce bruit ?

LA FEMME.

C'est M. le comte, le seigneur Maurizio, notre jeune maître !

LA COMTESSE.

Mon fils ?

LA FEMME.

Lui-même. Tenez, le voilà qui monte l'escalier.

(Les Serviteurs saluent.)

LA COMTESSE.

C'est toi, mon cher enfant ?

MAURIZIO.

Oui, ma mère. (Aux Serviteurs.) C'est bien, bonjour.

LA COMTESSE.

Et d'où vient que tu nous arrives ainsi sans prévenir ?

MAURIZIO.

Parce qu'il y a huit jours, j'ignorais encore que je dusse venir. Son Altesse le grand-duc, ayant appris que les Français, conduits par le cardinal-duc, marchaient sur Casal, m'a envoyé prendre des nouvelles. Ma foi, je n'ai pas perdu mon temps, et je suis arrivé tout juste pour assister à la prise de la ville. C'était la plus belle perle de sa couronne ducale, qu'il avait perdue et qu'il vient de retrouver. Celui qui lui en dira le premier mot ne sera pas mal reçu, et j'espère que ce sera moi.

LA COMTESSE.

Ainsi, Casal est rendue?

MAURIZIO.

Oui; la nouvelle est toute fraîche, et j'ai vu le gouverneur en personne apporter les clefs au cardinal-duc, il y a de cela tout au plus un quart d'heure.

LA COMTESSE.

Eusses-tu reconnu un prince de l'Église sous le costume que porte Son Éminence?

MAURIZIO.

Non, ma mère; mais j'ai reconnu le vainqueur de la Rochelle, du Pas-de-Suze, de Privas, le premier ministre du roi Louis XIII enfin. Au reste, ce costume, à ce qu'on assure, lui est plus utile que le manteau de cardinal. Au métier qu'il fait, mieux vaut un casque qu'une barrette. Est-ce vrai que, hier, une balle espagnole a eu l'insolence de venir s'aplatir sur sa cuirasse? J'ai entendu raconter cela au camp. On ajoutait même que, sans un soldat du régiment de Poitou, qui a tiré monseigneur d'une embuscade, c'était Son Éminence qui était prisonnière du gouverneur de Casal, au lieu que ce fût le gouverneur de Casal qui fût prisonnier de Son Éminence.

LA COMTESSE.

En effet, il n'a été bruit que de cela toute la soirée; on a cherché le soldat, mais inutilement.

MAURIZIO.

Diable! voilà qui fait l'éloge de sa modestie; mais je suis tranquille, il se retrouvera.

LA COMTESSE.

Tu es si bien instruit de toutes choses, que je ne te demande pas si tu sais que le cardinal-duc nous a fait l'honneur de choisir ce palais pour son hôtel.

MAURIZIO.

Et c'est un honneur qui aurait pu nous coûter notre palais, si les choses n'avaient pas tourné ainsi. En tout cas, je présume que ma bonne mère n'a pas laissé échapper cette occasion de lui parler de la vocation de son fils pour la diplomatie, et de sa fille pour le cloître.

LA COMTESSE.

Oui, Maurizio, oui, je lui ai parlé de toi, et il m'a promis de te recommander au duc de Mantoue.

MAURIZIO.

Et de ma sœur, qu'en a-t-il dit?

LA COMTESSE.

Il a compris qu'une grande fortune était nécessaire à l'héritier d'un grand nom, tandis que cette fortune est inutile à une jeune fille qui n'est appelée à jouer aucun rôle dans le monde.

MAURIZIO.

Et vous avez obtenu...?

LA COMTESSE.

Une dispense pour Bianca ; demain, elle entre au couvent, et, dans un mois, elle fait profession.

MAURIZIO.

Et l'a-t-il vue?

LA COMTESSE.

Bianca? Non.

MAURIZIO.

Et où est-elle?

LA COMTESSE.

Dans ce pavillon.

MAURIZIO.

Ce pavillon est bien isolé, ma mère.

LA COMTESSE.

J'ai la clef de la porte et la clef de la jalousie. On ne descend de la terrasse que par cet escalier, que garde nuit et jour une sentinelle ; et, l'*Ave Maria* une fois sonné, nul ne peut sortir de la maison sans un ordre ou un laisser passer du cardinal.

MAURIZIO.

Allons, je vois que vous avez tout prévu... Oh! oh! qu'est-ce que cela?

LA COMTESSE.

Le cardinal qui revient, sans doute.

MAURIZIO.

C'est lui-même... Voyez donc, madame, quelle tournure guerrière il a à cheval, et si l'on ne dirait pas un cavalier consommé! Sonnez les trompettes et agitez les bannières!

(On obéit sur la galerie. Fanfares.)

SCÈNE III

Les Mêmes, trois Hommes qui viennent relever la Sentinelle de l'escalier.

LA NOUVELLE SENTINELLE.

Le mot d'ordre?

LA SENTINELLE qui se retire.

Paris et Piémont.

LA NOUVELLE SENTINELLE.

La consigne?

L'AUTRE SENTINELLE.

Ne laisser sortir personne après le dernier coup de l'*Ave Maria*, sans un laisser passer ou un ordre écrit du cardinal.

LA NOUVELLE SENTINELLE.

C'est bien.

LA FEMME de la Comtesse.

Madame la comtesse?

LA COMTESSE.

Qu'y a-t-il?

LA FEMME.

Une dame française, qui se dit de noblesse, fait demander à madame la comtesse la permission d'attendre M. le cardinal sur cette terrasse : elle a une requête à présenter à Son Éminence.

LA COMTESSE.

Qu'elle monte.

LA FEMME.

Venez, madame.

SCÈNE IV

Les Mêmes, une Femme voilée, puis SCHOMBERG, OLIVIER, LE CARDINAL et son Cortége.

La Femme voilée passe devant la Sentinelle, qu'elle regarde attentivement à travers son voile, salue la Comtesse et va s'appuyer à une des arcades. — En ce moment, tout ce qui est en scène indique que le Cardinal approche. Les Serviteurs descendent l'escalier, entrent par la porte latérale et se groupent sur la terrasse et sur la galerie. — Des trompettes précèdent le Cardinal.

Hommes et instruments sont aux armes de France. Puis vient la bannière du Cardinal, sur le même rang que la bannière de France. Puis paraît un Officier, portant les clefs de Casal; puis le Cardinal, cuirassé, l'épée au côté : seulement, un Page porte son casque; il a la calotte rouge. — Puis viennent le maréchal de Schomberg, le maréchal de la Force, le maréchal de Marilhac, Olivier de Sourdis, Baracé, Nogaret et autres Gentilshommes et Capitaines.

SCHOMBERG.

Son Éminence a désiré voir le soldat qui, hier, a été assez heureux pour venir à son aide.

LE CARDINAL.

Dites pour me sauver la vie, maréchal. Où est-il?

SCHOMBERG.

C'est lui qui présente les armes à Votre Éminence.

LE CARDINAL.

Ah! ah! en effet, je le reconnais. (A la Sentinelle.) Comment t'appelles-tu?

LA SENTINELLE.

Urbain Grandier, monseigneur.

LE CARDINAL.

Où es-tu né?

GRANDIER.

Au bourg de Rovère, près de Sablé, dans le bas Maine.

LE CARDINAL.

A quel régiment appartiens-tu?

GRANDIER.

Au régiment de Poitou.

LE CARDINAL.

Depuis combien de temps es-tu soldat?

GRANDIER.

Depuis trois ans.

LE CARDINAL.

Est-ce la première fois que tu te trouves sous mes ordres?

GRANDIER.

J'étais au siége de la Rochelle, à l'attaque du Pas-de-Suze, à la prise de Privas.

LE CARDINAL.

D'où vient que tu n'es pas encore officier, étant si brave?

GRANDIER.

C'est que, pour devenir officier, monseigneur, ce n'est point assez d'être brave, il faut encore être noble.

LE CARDINAL.

Et tu ne l'es pas?

GRANDIER.

Je l'ai dit à monseigneur, je suis un pauvre paysan.

LE CARDINAL.

Sais-tu lire?

GRANDIER, souriant.

Oui, monseigneur.

LE CARDINAL.

Pourquoi souris-tu?

GRANDIER.

J'ai eu tort. L'orgueil est un des sept péchés mortels.

LE CARDINAL, se retournant vers Schomberg.

Que dit-il, maréchal?

SCHOMBERG.

Il dit, monseigneur, ou plutôt il ne dit pas... mais je vais le dire pour lui, moi...

GRANDIER.

Monsieur le maréchal!...

SCHOMBERG.

Allons donc! pas de fausse, ou plutôt pas de sotte modestie, Grandier. L'occasion ne se retrouvera peut-être jamais pareille à celle-ci. — Ce que ne vous a pas dit cet honnête garçon, monseigneur, c'est qu'étant neveu d'un homme très-savant, qu'on appelait Claude Grandier, il a étudié l'astrologie et l'alchimie avec son oncle; c'est qu'ayant été élevé au collége des Jésuites de Bordeaux, il a appris les langues anciennes, de sorte qu'il parle latin comme Mathurin Régnier, et grec comme Conrard, et cela, sans compter l'anglais et l'allemand. En outre, il est peintre, musicien, algébriste... que sais-je, moi?

LE CARDINAL.

Oh! oh! voilà bien de la science pour un seul homme! (A Grandier.) Quel est votre capitaine, mon ami?

GRANDIER.

M. Olivier de Sourdis.

LE CARDINAL.

Neveu de M. d'Escoubleau de Sourdis, archevêque de Bordeaux?

SCHOMBERG.

Lui-même.

LE CARDINAL.
M. Olivier de Sourdis est-il là?

OLIVIER, sortant de la foule.
Me voici, monseigneur.

LE CARDINAL.
Vous connaissez cet homme, monsieur de Sourdis?

OLIVIER.
Oui, monseigneur.

LE CARDINAL.
Depuis longtemps?

OLIVIER.
Depuis que je me connais moi-même.

LE CARDINAL.
Êtes-vous du même pays que lui?

OLIVIER.
Je suis de la Flèche, monseigneur, et nous avons été au collége ensemble. C'est moi qui l'ai engagé.

LE CARDINAL.
Qu'en dites-vous?

OLIVIER.
Au collége, c'était un des meilleurs élèves; à l'armée, c'est un de nos meilleurs soldats.

LE CARDINAL.
Est-il aussi savant qu'on le dit?

OLIVIER.
Davantage, probablement, monseigneur.

LE CARDINAL.
Pourquoi, étant si savant, s'est-il fait soldat au lieu de se faire clerc?

OLIVIER, s'approchant du Cardinal.
Je crois le pauvre garçon amoureux d'une fille de noblesse, monseigneur, et il aura espéré faire son chemin par l'épée.

LE CARDINAL.
Alors, c'est un homme qu'on peut avancer?

OLIVIER.
Ce sera justice.

LE CARDINAL.
Vous me répondez de lui?

OLIVIER.
Comme de moi-même, monseigneur.

LE CARDINAL.

C'est bien. (Se retournant vers un Homme en noir qui a pris des notes.) Vous avez entendu ?

LE SECRÉTAIRE.

C'est écrit, monseigneur.

LE CARDINAL.

Vous entendrez parler de moi, Grandier.

GRANDIER.

J'attendrai humblement les ordres de Votre Éminence.

(Olivier de Sourdis et le Secrétaire font trois pas en arrière. En se retournant, le Cardinal se trouve en face de la Comtesse et de Maurizio.)

LE CARDINAL.

Ah! c'est vous, notre gracieuse hôtesse ?

LA COMTESSE.

Son Éminence permet-elle que je lui présente mon fils, le comte Maurizio dei Albizzi ?

LE CARDINAL.

Vous m'avez déjà parlé de ce jeune homme, il me semble ?

LA COMTESSE.

Oui, monseigneur, et même Son Éminence a daigné me promettre pour lui sa haute protection.

LE CARDINAL.

Vous aimez ardemment votre fils, comtesse ?

LA COMTESSE.

Ardemment, oui, monseigneur.

LE CARDINAL.

Vous l'aimez au point de lui sacrifier sa sœur Bianca ?

LA COMTESSE.

Au point de lui sacrifier ma vie.

LE CARDINAL.

Vous êtes au duc de Mantoue, comte ?

MAURIZIO.

Je suis son secrétaire intime, monseigneur.

LE CARDINAL.

Il vous a envoyé en Piémont ?

MAURIZIO.

Pour avoir des nouvelles de Casal, oui, monseigneur.

LE CARDINAL.

Vous désirez retourner près de lui avec une puissante recommandation ?

MAURIZIO.

Je me regarderais comme un homme trop heureux si j'avais celle de Votre Éminence.

LE CARDINAL.

Prenez les clefs de la ville que je viens de lui reconquérir, et portez-les-lui de ma part. C'est, je crois, la meilleure recommandation que je puisse vous donner.

MAURIZIO.

Oh! monseigneur!

LE CARDINAL.

Ce n'est point tout. Écoutez bien ceci : Je désire avoir, de temps en temps, des nouvelles de Son Altesse, que j'aime et estime fort; l'intérêt que je lui porte est même si grand, que je ne suis indifférent à rien de ce qui lui arrive, à rien de ce qu'il fait, à rien même de ce qu'il pense. Je vous autorise à m'écrire directement, une fois par semaine, comte Maurizio.

MAURIZIO.

Monseigneur!

LE CARDINAL.

Allez, monsieur; à partir de ce moment, votre fortune est entre vos mains.

OLIVIER, qui a entendu.

Ah! pauvre Bianca, voilà qui m'explique pourquoi il t'a condamnée.

MAURIZIO, embrassant la Comtesse.

Adieu, ma mère, adieu!... (Bas.) Je vous recommande ma sœur.

(Il sort.)

SCÈNE V

Les Mêmes, hors MAURIZIO.

LA FEMME VOILÉE, s'avançant vers le Cardinal et mettant un genou en terre.

Monseigneur...

LE CARDINAL.

Qui êtes-vous?

LA FEMME VOILÉE.

Je suis la fille d'un de vos plus dévoués serviteurs.

LE CARDINAL.

Que désirez-vous?

LA FEMME VOILÉE.

Être entendue en confession par Votre Éminence.

LE CARDINAL.

Pourquoi venez-vous à moi, au lieu de vous adresser à tout autre?

LA FEMME VOILÉE.

Parce que mon crime est si grand, que vous seul, monseigneur, en vertu des pouvoirs que vous tenez de Rome, êtes assez grand pour m'absoudre.

LE CARDINAL.

Suivez-moi.

(Le Cardinal sort. Tout le monde le suit, excepté Urbain Grandier, Olivier de Sourdis, Nogaret et Baracé.)

SCÈNE VI

GRANDIER, OLIVIER, NOGARET, BARACÉ.

OLIVIER.

Nogaret! Baracé!

NOGARET et BARACÉ.

Nous voilà.

OLIVIER.

Vous m'avez dit que je pouvais compter sur vous?

NOGARET.

Et nous te le répétons.

OLIVIER.

C'est bien. Baracé, va m'attendre sur la route de Cérisoles.

BARACÉ.

Avec combien de chevaux?

OLIVIER.

Avec trois : un pour elle, un pour moi, un pour mon laquais.

BARACÉ.

Nous ne t'accompagnerons pas?

OLIVIER.

C'est bien assez du danger que je vous fais courir.

NOGARET.

Et moi, que faut-il que je fasse?

OLIVIER.

Toi, va chercher l'échelle de soie; assure-toi de la solidité des crampons, et viens me rejoindre ici.

BARACÉ.

Ainsi, moi là-bas avec les chevaux?

OLIVIER.

Tout sellés, tout bridés.

NOGARET.

Et moi ici?

OLIVIER.

Avec l'échelle de corde.

NOGARET et BARACÉ.

Mais la sentinelle?

OLIVIER.

C'est Grandier... Je le connais... J'en fais mon affaire.

NOGARET et BARACÉ.

Bien.

OLIVIER.

Allez.

(Les deux jeunes gens sortent.)

SCÈNE VII

GRANDIER, OLIVIER.

OLIVIER, allant à Grandier.

Urbain!

GRANDIER.

Mon capitaine?...

OLIVIER.

Nous sommes de vieux amis, n'est-ce pas?

GRANDIER.

C'est-à-dire qu'il y a déjà longtemps que vous me faites l'honneur d'avoir de l'amitié pour moi.

OLIVIER.

Tu m'as quelquefois parlé de ta reconnaissance pour les petits services que j'ai eu le bonheur de te rendre.

GRANDIER.

Dix fois je vous ai dit que, le jour où vous me demanderiez ma vie, ma vie serait à vous.

OLIVIER.

Eh bien, si tu crois me devoir quelque chose, Grandier, l'heure est venue de t'acquitter envers moi, et bien au delà.

GRANDIER.

J'écoute.

OLIVIER.

Grandier, tu tiens ma joie, mon bonheur, ma vie entre tes mains.

GRANDIER.

Ordonnez, monsieur de Sourdis.

OLIVIER.

Écoute, Grandier. J'aime! Tu sais ce que c'est que d'aimer, toi aussi. Eh bien, j'aime Bianca comme tu aimes Ursule.

GRANDIER.

Alors, vous l'aimez grandement et saintement, mon capitaine!

OLIVIER.

Si l'on t'enlevait Ursule, que ferais-tu?

GRANDIER.

Je tuerais celui qui me l'enlèverait.

OLIVIER.

Oui; mais, si tu ne pouvais pas le tuer? si celui qui te l'enlève était son frère?

GRANDIER.

Son frère?

OLIVIER.

Et si on te l'enlevait pour la donner à Dieu malgré elle?

GRANDIER.

Est-ce donc pour la faire religieuse qu'on vous la prend?

OLIVIER.

Oui.

GRANDIER.

On la donne à Dieu malgré elle, et elle a une mère?

OLIVIER.

Oh! c'est cette mère qui est sans pitié, sans entrailles; c'est cette mère qui la sacrifie à la fortune de son fils.

GRANDIER.

Pourquoi ne vous adressez-vous point au cardinal, qui a de l'amitié pour vous, monsieur de Sourdis?

OLIVIER.

Parce que les intérêts du cardinal passent avant ses amitiés, parce qu'il a acheté l'âme du frère en lui promettant que sa sœur serait religieuse, parce qu'il avait besoin d'un espion auprès du duc de Mantoue, et que Maurizio dei Albizzi sera cet espion, et cela, à la condition que l'on enterrera sa sœur vivante! sa sœur, qui, étant d'un autre lit que lui, possède toute la fortune.

GRANDIER.

Et quand la conduit-on au couvent?

OLIVIER.

Demain.

GRANDIER.

Vous aime-t-elle, monsieur de Sourdis?

OLIVIER.

Comme je l'aime, Urbain.

GRANDIER.

De sorte qu'elle est décidée à fuir?

OLIVIER.

Elle n'attend que le signal.

GRANDIER.

Il faut l'enlever, alors.

OLIVIER.

Oh! mon ami, tu m'aideras donc?

GRANDIER.

Ne vous ai-je pas dit que ma vie était à vous? Après ma garde, disposez de moi, monsieur de Sourdis.

OLIVIER.

Non, non, tu n'as pas besoin de quitter ton poste; au contraire.

GRANDIER.

Comment cela?

OLIVIER.

Elle est là, dans ce pavillon, enfermée dans sa chambre; mais j'ai la clef de la jalousie, que j'ai fait faire d'après une empreinte en cire qu'elle m'a jetée.

GRANDIER, devenant grave.

Alors, dépêchez-vous de l'enlever avant l'*Ave Maria*, mon capitaine.

OLIVIER.

Avant l'*Ave Maria*?

GRANDIER.

Oui.

OLIVIER.

Impossible! l'*Ave Maria* va sonner dans dix minutes.

GRANDIER.

C'est qu'après l'*Ave Maria*, c'est plus impossible encore, monsieur de Sourdis.

OLIVIER.

Je ne comprends pas; explique-toi.

GRANDIER.

Il faut qu'elle descende par cette fenêtre, n'est-ce pas?

OLIVIER.

Oui.

GRANDIER.

Il faut qu'elle passe par cet escalier?

OLIVIER.

Oui.

GRANDIER.

Eh bien, mon capitaine, après le dernier coup de l'*Ave Maria*, nul ne peut sortir du château s'il n'est porteur d'un ordre ou d'un laisser passer du cardinal, c'est la consigne.

OLIVIER.

Mais puisque c'est toi qui es de garde jusqu'à neuf heures...

GRANDIER, tristement.

Oui, mon capitaine; et c'est justement parce que c'est moi qui suis de garde que vous ne passerez pas.

OLIVIER.

Grandier!

GRANDIER.

La consigne, mon capitaine.

OLIVIER.

Grandier, ta mémoire est bien courte, et ton dévouement bien scrupuleux.

GRANDIER.

Vous êtes officier, monsieur de Sourdis, et, par conséquent, vous savez ce que c'est qu'une consigne. Monsieur de Sourdis, pardonnez-moi.

OLIVIER.

Eh bien, comme votre officier, je vous ordonne de me laisser passer, entendez-vous?

GRANDIER.

Mon capitaine, je vous ai offert ma vie, tuez-moi; je ne

donnerai pas l'alarme, je ne crierai pas : « Qui vive? » je ne me défendrai pas ; tuez-moi, je vous le conseille, car, vivant, non, sur mon honneur, je ne vous laisserai point passer.

OLIVIER.

Oh! mon Dieu! mon Dieu! quand tout était prêt, quand je touche au bonheur, quand il est là! Grandier, au nom du ciel!... Tiens, tiens, voici l'*Ave Maria* qui sonne.

GRANDIER.

Prenez garde! on vient.

OLIVIER.

Que faire, mon Dieu? que faire?

GRANDIER.

C'est une femme ; sa mère peut-être. Éloignez-vous.

OLIVIER, se précipitant par les degrés.

Oh! Grandier, Grandier! n'est-ce pas que tu te laisseras fléchir?...

SCÈNE VIII

GRANDIER, LA FEMME VOILÉE.

L'*Ave Maria* tinte lentement pendant toute cette scène. La Femme voilée attend qu'Olivier de Sourdis se soit éloigné; puis elle s'approche de Grandier et lève son voile.

GRANDIER, reculant.

Jeanne de Laubardemont!

JEANNE.

Ah! tu m'as reconnue, Grandier? C'est de bon augure.

GRANDIER.

Que voulez-vous de moi, madame? et que venez-vous faire en Italie?

JEANNE.

Je veux te rappeler que tu m'as aimée, Grandier, et je viens te dire, moi, que je t'aime encore.

GRANDIER.

Hélas! madame, cet amour dont vous parlez fut le premier rêve de ma jeunesse; ma jeunesse est envolée, et elle a emporté ses rêves avec elle.

JEANNE.

Grandier, depuis que tu as quitté Bordeaux, et il y a cinq ans de cela, Grandier, je ne t'ai point perdu de vue, et j'ai été convaincue d'une chose.

GRANDIER.

Laquelle?

JEANNE.

C'est que tu étais ambitieux.

GRANDIER.

C'est vrai.

JEANNE.

C'est qu'à défaut de la noblesse, que le ciel aveugle t'a refusée, tu voulais la science, tu voulais la richesse.

GRANDIER.

C'est vrai.

JEANNE.

C'est que, le jour où tu as quitté la plume pour l'épée, tu as dit : « Dans trois ans, je serai tué, ou je serai capitaine. »

GRANDIER.

C'est encore vrai.

JEANNE.

Savant, tu l'es autant que homme qui soit au monde; riche, tu peux l'être; capitaine, dis un mot, et tu le seras.

GRANDIER.

Je ne vous comprends pas, madame.

JEANNE.

Alors, je te répéterai ce que je t'ai déjà dit : Grandier, je t'aime!... Eh bien, qu'y a-t-il donc dans ce mot qui t'épouvante? Ce n'est pas la première fois que je te fais cet aveu, et je t'ai vu l'implorer à genoux.

GRANDIER.

C'est vrai, madame; mais, quand j'implorais cet aveu, j'étais presque un enfant. Que voulez-vous! quand on est jeune, on ignore ou l'on oublie. J'avais oublié que vous étiez riche, que vous étiez noble, que vous vous nommiez Jeanne de Laubardemont. Il ne m'a fallu qu'un mot pour me rappeler à la raison. Ce mot a éclairé mon esprit; j'ai compris mon néant comparé à votre grandeur, et je me suis fait justice en me retirant.

JEANNE.

Eh bien, toute réparation ne t'est-elle pas accordée, Grandier? Tu as oublié, et je me souviens; tu t'éloignes, je te suis; tu ne m'aimes plus, moi, je t'aime encore. Oui, Grandier, comme tu le dis, je suis riche, je suis noble, je m'appelle Jeanne de Laubardemont... Grandier, veux-tu de moi pour ta femme? Je suis libre, j'ai l'autorisation de disposer de ma main, et voilà un brevet en blanc, signé du cardinal duc, qui fait mon futur époux capitaine.

GRANDIER.

C'est cent fois plus que je ne mérite, madame... Dieu est témoin que ma reconnaissance pour vous est profonde ; mais je ne puis accepter.

JEANNE.

Tu ne peux accepter?

GRANDIER.

Il n'y a pas d'union possible sans un amour mutuel.

JEANNE.

Oui, et je t'aime encore, et tu ne m'aimes plus.

GRANDIER.

Ce n'est point ma faute, madame; quelque chose que je ne puis dire, quelque chose de terrible a passé entre nos deux amours et a tué le mien.

JEANNE.

Ainsi, tu ne m'aimes plus, Grandier?

GRANDIER.

Je ne puis, du moins, accepter l'honneur que vous me faites.

JEANNE.

Tu ne m'aimes plus... Avoue-le franchement.

GRANDIER.

Je ne vous haïrai jamais, voilà tout ce que je puis vous promettre.

JEANNE.

Tu ne m'aimes plus... Dis donc que tu ne m'aimes plus!

GRANDIER.

Je ne vous aime plus.

JEANNE, montrant un papier à Grandier.

Laissez-moi passer, monsieur... Voici l'ordre du cardinal.

GRANDIER.

Passez, madame.

JEANNE, sur la seconde marche.

Grandier, je retourne en France; tu n'as rien à faire dire à Ursule de Sablé?

GRANDIER.

Si fait!... Dites-lui que je suis son humble serviteur,

madame, et que, exilé ou non, de près ou de loin, mon dernier soupir sera pour elle.

JEANNE, à part, en sortant.

Oh! c'était donc vrai! il l'aime! il l'aime!

SCÈNE IX

GRANDIER, SCHOMBERG, OLIVIER.

GRANDIER, la regardant s'éloigner.

Pauvre femme!

SCHOMBERG, au haut des degrés.

Grandier!

GRANDIER.

Monsieur le maréchal?...

SCHOMBERG.

Son Éminence le cardinal-duc désire vous parler.

GRANDIER.

Je ne puis quitter ce poste, monseigneur, je suis de garde.

SCHOMBERG.

Holà! quelqu'un qui prenne pour un instant la faction d'Urbain Grandier!... Son Éminence ne saurait attendre.

GRANDIER, bas, à Olivier, qui reparaît.

Monsieur de Sourdis, comprenez-vous?

OLIVIER.

Oh! mon ami, merci! merci! (Haut.) Monsieur le maréchal, Urbain est libre, je ferai le reste de sa faction.

SCHOMBERG.

Qui êtes-vous, monsieur?

OLIVIER.

Olivier de Sourdis, capitaine au régiment de Poitou.

SCHOMBERG.

Ah! oui!... Merci, monsieur de Sourdis... Venez, Grandier.

GRANDIER.

Bonne chance, mon capitaine!

OLIVIER.

Oh! le brave cœur!

(Grandier monte, salue Schomberg et entre derrière lui chez le Cardinal.)

SCÈNE X

OLIVIER, puis BIANCA, derrière la jalousie ; puis NOGARET.

OLIVIER.

Et maintenant, pas un instant à perdre ! (Allant au balcon.) Bianca ! Bianca !

BIANCA.

Est-ce vous, Olivier ?

OLIVIER.

Oui, oui, c'est moi.

BIANCA.

Mon Dieu, le moment est-il venu ?

OLIVIER.

Non-seulement il est venu, mais encore nous n'avons pas un instant à perdre.

BIANCA.

Vous savez que je suis enfermée ?

OLIVIER.

Faites descendre un ruban à travers les barreaux de votre jalousie.

BIANCA.

Attendez.

OLIVIER.

Au nom du ciel, hâtez-vous !

BIANCA.

Voici le ruban.

OLIVIER, attachant la clef au ruban.

Voici la clef.

BIANCA.

Quelqu'un !

OLIVIER.

Ne craignez rien, c'est un ami.

BIANCA.

Je puis donc ouvrir ?

OLIVIER.

Oui. (A Nogaret, qui entre.) As-tu l'échelle ?

NOGARET.

La voici.

OLIVIER, jetant l'échelle à Bianca.

Fixez les attaches au balcon, Bianca, et songez que c'est votre vie, c'est-à-dire plus que ma vie, que vous allez risquer.

(Nogaret fixe l'échelle sur la terrasse, Bianca attache l'autre extrémité au balcon, Olivier monte.)

BIANCA.

Devant Dieu, c'est mon époux qui m'enlève, n'est-ce pas ?

OLIVIER, étendant la main.

Devant Dieu, c'est votre époux que vous suivez, Bianca. Venez, venez !

(Au moment où elle touche terre, Grandier reparaît.)

BIANCA.

Me voici !

NOGARET.

Quelqu'un !

OLIVIER.

Emmène-la, Nogaret, emmène-la ! Moi, s'il le faut, je me ferai tuer ici.

BIANCA.

Olivier ! Olivier !

(Nogaret l'entraîne.)

SCÈNE XI

OLIVIER, GRANDIER.

OLIVIER, se jetant au-devant de Grandier.

On ne passe pas !

GRANDIER.

Monsieur de Sourdis ! monsieur de Sourdis ! je suis capitaine, j'ai cent mille livres pour lever une compagnie, six mois de liberté avant de rentrer sous les drapeaux. Oh ! monsieur de Sourdis, soyez aussi heureux que moi ! c'est tout ce que je souhaite.

(Il se précipite par les degrés.)

SCÈNE XII

OLIVIER, UN SERGENT et DEUX HOMMES.

LE SERGENT.

Monsieur notre capitaine, en faction à la place d'Urbain Grandier ?

OLIVIER.

Oui, monsieur. Son Éminence a fait appeler Urbain Grandier, et, de l'autorisation de M. de Schomberg, j'ai pris sa place un instant, comme vous voyez.

LA NOUVELLE SENTINELLE.

Le mot d'ordre, mon capitaine ?

OLIVIER.

Paris et Piémont.

LA NOUVELLE SENTINELLE.

La consigne ?

OLIVIER.

Ne laisser sortir personne sans un ordre ou un laisser passer du cardinal-duc. Bonne garde, messieurs !

(Il s'élance à son tour dans l'escalier et disparaît, tandis que le Sergent et le Soldat continuent leur chemin et disparaissent sous l'arcade.)

DEUXIÈME TABLEAU

Une chambre dans la maison natale de Grandier, au village de Rovère.

SCÈNE PREMIÈRE

L'ABBÉ GRILLAU, puis GRANDIER.

GRILLAU.

Je ne sais pas, mais il me semble que, pendant qu'ils sont allés sur la grande route au-devant de notre cher Urbain, il me semble que je me suis un peu endormi, moi. C'est étonnant ! cela me fait toujours cet effet-là quand je lis mon bréviaire.

GRANDIER, passant la tête par la fenêtre.

Il ne faut pas dire cela devant monseigneur l'évêque, père Grillau.

GRILLAU.

Tiens ! Grandier !... C'est toi, mon enfant ! c'est toi, mon Urbain !

GRANDIER, entrant par la porte.

Oui, mon bon et cher instituteur, c'est moi, votre élève.

GRILLAU.

Oh ! mon élève... En voilà un élève qui en remontrerait un peu à son maître !

GRANDIER.

Pas du côté du cœur, au moins. Dites-moi, mon ami, rien de fâcheux n'est arrivé, que vous êtes seul ici ?

GRILLAU.

Eh ! non, sois tranquille : est-ce que Dieu ne veille pas sur les braves gens ?

GRANDIER.

Alors, ma mère et mon frère se portent bien ?

GRILLAU.

A merveille ! et ils sont allés au-devant de toi.

GRANDIER.

Ils sont allés, dites-vous ? Mon mauvais sujet de Daniel est donc ici ?

GRILLAU.

Eh ! certainement. Ta mère n'a pas eu plus tôt la lettre, que, comme elle ne sait pas lire, la pauvre chère femme, elle est accourue chez moi pour que je la lui lusse, et je ne la lui ai pas eu plus tôt lue, qu'elle m'a fait écrire à ton frère d'accourir afin que la fête fût complète. Oh ! il ne se l'est pas fait dire deux fois, et il est arrivé avant-hier, ton mauvais sujet de Daniel, comme tu dis.

GRANDIER.

Si bien qu'ils sont allés au-devant de moi ?

GRILLAU.

Oui.

GRANDIER.

Sur la grande route ?

GRILLAU.

Certainement.

GRANDIER.

Ah! voilà, c'est ma faute.

GRILLAU.

A toi?

GRANDIER.

Oui, mon père, à moi; j'ai oublié de leur dire une chose, c'est qu'il y a des souvenirs de jeunesse, des mystères d'enfance qui s'étendent dans la vie bien au delà de l'enfance et de la jeunesse; quand on est né dans une grande ville comme Paris, on n'a pas de patrie, on a une rue, voilà tout; mais, au village, c'est autre chose; Virgile l'a dit, mon père: *O fortunatos nimium!*...

GRILLAU.

Allons, voilà que tu vas parler latin; tu te souviens bien que je n'en savais que ce que je t'en ai appris, en sorte que ce que tu sais, je ne le sais plus.

GRANDIER.

Vous avez raison, mon père.

GRILLAU.

N'importe! que dit ce païen de Virgile? Voyons, explique-moi cela en français, mon enfant.

GRANDIER.

Ce qu'il dit? Il dit: « Trop heureux ceux qui sont nés dans les champs, s'ils connaissent leur bonheur!... » Moi, je suis né dans les champs et je connais ce bonheur-là.

GRILLAU.

Et tu te trouves heureux, alors?

GRANDIER.

Oh! oui, bien heureux!

GRILLAU.

Seulement, ce que tu m'as dit m'explique Virgile, mais ne me dit point pourquoi tu n'as pas rencontré ta mère?

GRANDIER.

Pourquoi? Écoutez bien: parce qu'en revenant, mon père, j'ai trouvé, aboutissant à la route, un sentier familier à mon enfance; il m'a semblé aussi que ma belle jeunesse, toute couronnée de fleurs, m'attendait à l'entrée de ce sentier et me faisait signe de la suivre. Alors, j'ai quitté le grand chemin, le chemin qui conduit aux villes, pour suivre cette haie d'aubépines et de sureaux qui conduit au cimetière: c'est là que dorment mon père et mon oncle, mes deux maîtres après vous ; c'est bien le moins qu'on visite les morts avant les vivants, et qu'on les salue les premiers, puisqu'on les a quittés depuis plus longtemps.

GRILLAU.

Cher Grandier! savant comme un mage, et, avec cela, bon et pur comme un enfant !

GRANDIER.

C'est que mon cœur n'a pas vieilli ; il y a vingt-cinq ans que je jouais dans ce sentier, que je cueillais des fleurs au pied de la haie, que je cherchais sous l'herbe des insectes d'or et d'émeraude... Eh bien, pour moi, c'était hier ; il n'y a pas une fleur que je ne reconnaisse, pas une touffe d'herbe que je ne sache par cœur, et ce que je vais vous dire va vous paraître étrange : non-seulement je reconnais tout cela, mais il me semble que tout cela me reconnaît, que tout cela a des yeux pour me voir, une voix pour me saluer, une âme pour m'accueillir ; si bien que, lorsque je suis passé, si je me retourne et que j'écoute, je vois l'herbe et la fleur se pencher l'une vers l'autre, et je les entends se dire, dans la langue de l'herbe et des fleurs : « Tu sais, ma sœur, c'est lui ! »

GRILLAU.

Vois-tu, quand tu me dis de ces choses-là, Urbain, je regrette que tu ne sois pas curé, que tu ne sois pas moine, que tu ne sois pas prêtre enfin. Ah ! les beaux sermons que tu aurais faits ! et comme tu aurais bien parlé du bon Dieu !

GRANDIER.

Oh ! le bon Dieu n'a pas besoin de moi pour dire ses louanges, mon père. Quand il a fait le monde, il l'a empli de sa Divinité, et tout parle de sa puissance dans la création, depuis le brin d'herbe qui sort de terre jusqu'au soleil qui le fait fleurir...

GRILLAU.

Grandier, mon bon ami, quand je suis près de toi, je me fais bien l'effet d'être le brin d'herbe, et toi le soleil. J'aime Dieu comme je puis, et toi comme tu sais.

GRANDIER.

Et qui vous dit, mon père, que l'humilité de votre cœur ne lui est pas plus agréable que l'orgueil de mon esprit? Vous enviez ma science ; eh bien, moi, Urbain le savant, comme vous m'appelez, moi, dès que je m'appuie sur vous, je me repose et je me sens meilleur. Oh ! cela est si vrai, mon ami, qu'au lieu de courir après ma mère, après mon frère, et vous savez si je les aime! cela est si vrai, que je reste ici près de vous, car... je voudrais vous dire des choses que je n'ai pas dites aux plus savants, je voudrais vous faire une confession que je n'ai encore faite ni aux archevêques ni aux cardinaux.

GRILLAU.

Une confession, à moi, Urbain?

GRANDIER.

Oui, plus qu'une confession même, un cas de conscience.

GRILLAU.

Urbain, parfois on disait, tant tu étais savant! on disait que tu étais sorcier. Aurais-tu vu le diable, par hasard?

GRANDIER.

Non, je ne l'ai pas vu; mais peut-être lui ai-je donné prise sur moi. Un poëte anglais que vous ne connaissez pas, mon père, dit que les âmes mélancoliques sont faciles à damner. Si j'étais sur la route de la damnation!

GRILLAU.

Oh! oh! depuis ton voyage en Italie? Dame, on dit que les Italiennes sont bien belles.

GRANDIER.

Je ne sais pas comment sont les Italiennes, mon père; car mon cœur était resté en France, et les yeux sans le cœur ne sont qu'un vain miroir qui peut refléter les objets, mais qui n'en garde pas le souvenir. Non, il y a plus longtemps que cela que je doute.

GRILLAU.

Tu doutes, Urbain! tu doutes! et de quoi donc doutes-tu?

GRANDIER.

Oh! rassurez-vous... De moi-même.

GRILLAU.

Et à quel propos ce doute t'a-t-il pris?

GRANDIER.

A propos d'une puissance qui m'a été donnée.

GRILLAU.

A toi?

GRANDIER.

Mais une puissance telle, une puissance si grande, si étrange surtout, qu'elle ne peut venir que du ciel ou de l'enfer, de Dieu ou du démon!

GRILLAU.

Explique-toi, mon enfant.

GRANDIER.

Je vais raconter, mon père, ce sera toute mon explication. Vous savez que mon frère a dix ans de moins que moi ; vous savez encore combien je l'aime ; aussi, quand il était tout enfant et que je l'entendais pleurer, j'allais aussitôt à lui. Hélas ! chez l'enfant comme chez l'homme, il y a toujours une souffrance au fond des larmes. Seulement, celui qui passe voit les larmes et ne s'inquiète pas de la souffrance ; de sorte que, si c'est un enfant qui pleure, on dit : « Il est méchant ! » si c'est un homme, on dit : « Il est faible ! » Mais, moi qui savais le contraire, quand Daniel pleurait, j'allais à lui, et, comme j'avais lu dans Platon un chapitre intitulé : *De la force de la volonté*, je lui prenais les mains et je le regardais fixement, avec la volonté absolue, constante, inflexible, que la douleur se calmât et que les larmes s'arrêtassent. Alors, tout ce que j'avais de facultés en moi enveloppait sa faiblesse dans leur puissance, et bientôt, en effet, comme par magie, je voyais la douleur se calmer et les larmes se tarir, puis le sourire jetait comme un doux rayon sur son visage, puis ses yeux se fermaient, puis venait le sommeil, un sommeil si doux, si charmant, si paisible, qu'il ne me semblait pas un sommeil humain. Un jour, enfin, ce sommeil me parut si plein d'ineffable béatitude, qu'il me sembla voir l'âme de l'enfant derrière ses lèvres entr'ouvertes. Alors, je lui parlai comme on parle, non pas au sommeil, mais à l'extase. Mon père, il me répondit !

GRILLAU.

Tout endormi qu'il était ?

GRANDIER.

Oui, tout endormi ; mais ce n'est point encore là qu'est la chose étrange, inouïe, miraculeuse : c'est que les obstacles matériels avaient disparu, et qu'à distance, à travers les murailles, il voyait en dormant.

GRILLAU.

Grandier !

GRANDIER.

Écoutez jusqu'au bout. Je lui avais demandé, — c'était la première question qui s'était offerte à mon esprit, — je lui avais demandé où était notre mère. Alors, sans quitter sa place, sans se lever du fauteuil où il était assis : « Attends, frère, je la cherche ; » puis, les yeux fermés toujours : « Ah ! continua-t-il, attends, je la vois ; attends, elle cueille du buis au potager de l'étang, puis elle va le faire bénir à l'église... Tiens, ce n'est pas M. l'abbé Grillau qui le bénit ; c'est le vicaire... Ah ! la voilà qui sort de l'église ; elle s'arrête à causer avec mon oncle Claude... il lui donne une petite croix d'or... elle le quitte... elle vient... Ouvre-lui la porte, frère ! » Je cours à la porte : ma mère était sur le seuil. Elle avait été cueillir du buis au potager de l'étang ; elle avait été le faire bénir à l'église ; c'était le vicaire qui l'avait bénit et non pas vous. A cinquante pas d'ici, elle avait rencontré mon oncle Claude, et elle tenait dans sa main la petite croix d'or qu'il lui avait donnée et qu'elle porte encore à son cou.

GRILLAU.

Tu es sûr de ce que tu dis là, Grandier ?

GRANDIER.

Vingt fois j'ai renouvelé l'épreuve, et jamais il ne s'est trompé.

GRILLAU.

Lui as-tu parlé de cela ?

GRANDIER.

A Daniel ?... Non. Vous seul, Dieu et moi savons cela.

GRILLAU.

Maintenant, Urbain, ne serait-ce pas ton frère, et non point toi, qui serait doué ? J'ai entendu raconter qu'il y avait des enfants et des vieillards qui avaient la double vue... et j'explique cela : les enfants étant près du berceau et les vieillards près de la tombe, enfants et vieillards sont près de Dieu, qui est le commencement et la fin de toute chose.

GRANDIER.

Je dirais comme vous, mon père, si Daniel était le seul sur lequel j'eusse essayé mon pouvoir.

GRILLAU.

Tu l'as essayé sur d'autres que lui ?

GRANDIER.

Écoutez, voilà où je crains bien d'être tombé dans une faute ; voilà où je tremble de voir le doigt du mauvais esprit.

GRILLAU.

Parle.

GRANDIER.

Il y a six ans de cela, j'étais à Bordeaux, je sortais du collége... Je devins amoureux d'une jeune fille; son nom, je ne puis le dire... tout à l'heure vous comprendrez pourquoi; seulement, elle était de noblesse. Malgré la différence de nos conditions, elle avait encouragé mon amour. Cependant, au milieu de nos heures heureuses quoique chastes, mon père, il passait parfois sur son front de subites tristesses qu'elle s'efforçait de me cacher, mais qui, malgré ses efforts, étaient aussi visibles pour moi que l'ombre de ces nuages qui courent sur les blés. Vingt fois je lui demandai ce qu'elle avait et pourquoi elle s'assombrissait ainsi tout à coup; mais toujours elle refusa de me répondre. Un matin, après l'avoir quittée la veille au soir et pressée de questions inutiles, je reçus d'elle une lettre dans laquelle elle me défendait de la revoir. Je lus et relus cette lettre, et, avec l'instinct et peut-être l'orgueil d'un amant, je crus deviner, à une certaine hésitation dans le style, à une espèce de tremblement dans l'écriture, je crus deviner que cette lettre lui avait été imposée, que cette lettre, écrite par elle, lui avait été dictée par un autre. Le soir même, je devais retourner chez elle, car peu de jours se passaient sans que nous nous vissions. Elle habitait une maison isolée près de la rivière. La nuit venue, je me cachai parmi les aunes et les saules qui trempaient leurs branches dans l'eau. A dix heures, je vis entrer chez elle un homme qui n'en sortit qu'à minuit. Il me sembla que je n'avais jamais vu cet homme, qui, d'ailleurs, se cachait dans un grand manteau. La fenêtre de la chambre de celle que j'aimais donnait sur un jardin où bien souvent nous nous étions promenés ensemble. Je franchis le mur de ce jardin; la fenêtre était ouverte, mais les rideaux étaient tirés. Je montai le long du treillage et je parvins jusqu'au balcon. Elle était assise devant une table, la tête entre ses mains; au bruit que je fis en enjambant la balustrade, elle releva le front. J'allais être surpris escaladant une fenêtre comme un voleur... elle allait appeler, crier peut-être... J'étendis le bras vers elle, et, sans la toucher, sans prononcer une parole, par la seule puissance de la volonté jaillissant de tous mes pores, je l'arrêtai. Elle demeura le regard fixe, immobile comme une statue. Alors, je reconnus ce sommeil étrange que j'avais déjà étudié chez mon frère... Mais, au lieu d'être calme et doux comme celui de Daniel, son sommeil, à elle, était agité, haletant, presque convulsif. Je voulus savoir si elle parlerait aussi, et je l'interrogeai. D'abord, elle s'obstina à se taire ; mais, à mon ordre, elle céda. Ah ! pourquoi ne resta-t-elle pas muette !... ma conscience ne serait point chargée aujourd'hui de ce terrible secret !... Mon père, je ne m'étais pas trompé : la lettre que j'avais reçue avait été dictée ; elle l'avait écrite malgré elle, obéissant à une puissance plus forte que la sienne. Cet homme que j'avais vu sortir de sa maison, c'était son amant... et cet amant... (baissant la voix) l'incestueux !... c'était son père !

GRILLAU.

Mon Dieu !

GRANDIER.

Chut ! l'ai-je dit ?... Du moins, je n'ai nommé personne, n'est-ce pas ?

GRILLAU.

Et tu ne l'as pas revue depuis ce temps ?

GRANDIER.

Je n'ai jamais cherché à la revoir, du moins.

GRILLAU.

Tu as raison, Grandier. Il y a là-dessous une œuvre inconnue. D'où vient-elle ? Je l'ignore comme toi. Avais-tu sur toi quelque objet bénit lorsque tu fis ces diverses expériences ?

GRANDIER.

A la dernière, j'avais à mon cou cette médaille sainte que ma mère me donna le jour de mon départ.

GRILLAU.

Alors, ce n'est pas le mauvais esprit qui est en toi, puisque cette médaille bénite eût été plus puissante que lui.

GRANDIER.

Qu'est-ce donc, alors ?

GRILLAU.

Écoute, Grandier, tu veux toujours éclaircir tes doutes ?

GRANDIER.

Oh ! oui, mon père, je le veux.

GRILLAU.

Eh bien, essayons dès aujourd'hui ; le plus tôt sera le meilleur. Je n'ai pas la prétention d'être un saint homme ; mais je suis un honnête homme qui défie Satan, Belzébuth, Astaroth et toute l'infâme légion ; tu feras, devant moi l'essai de ce pouvoir sur ton frère ; pendant ce temps, je dirai un acte de foi, et, s'il y a un diable quelconque au fond de tout cela, si bien caché qu'il soit, il faudra qu'il montre le bout de l'oreille !

GRANDIER.

Chut ! j'entends du bruit.

SCÈNE II

Les Mêmes, DANIEL, à la fenêtre ; puis MADAME GRANDIER.

DANIEL.

Ma mère ! ma mère ! cela ne m'étonne point si nous ne voyions pas venir Grandier : il est ici.

GRANDIER.

Daniel ! cher enfant !

DANIEL, accourant.

Bonjour, frère, bonjour !... Oh ! c'est moi qui l'ai embrassé le premier !

MADAME GRANDIER.

Que dis-tu donc ? ici ? Grandier ici ? Mais par où es-tu donc passé, mon enfant ? Jésus, mon Dieu ! C'est vrai, le voilà. (Se pendant à son cou.) Oh ! mon Dieu ! mon Dieu !

GRANDIER.

Ma mère, ma bonne mère !

DANIEL.

Je te le prête, tu me le rendras ? Ah ! c'était donc vous qui l'aviez accaparé, père Grillau ? On vous en donnera, des soldats du roi, pour les confisquer à votre profit ! (Ouvrant le bréviaire de l'Abbé.) *Te Deum laudamus...*

GRILLAU.

Que fais-tu donc, mauvais sujet ?

DANIEL.

Tiens ! il est de retour, je chante le *Te Deum.*

GRANDIER.

Oui, de retour, et bien heureux, ma mère ! car je ne vous ai pas tout dit dans ma lettre ; voyez comme je suis égoïste, j'ai tardé huit jours à vous faire part de mon bonheur, je voulais vous l'apprendre moi-même.

MADAME GRANDIER.

Oh! tout ce que tu fais est bien fait; va, dis donc maintenant, puisque te voilà...

GRANDIER.

Ma mère, je suis capitaine.

MADAME GRANDIER.

Tu y es donc parvenu? Et qui t'a fait capitaine, mon Dieu?

GRANDIER.

Le cardinal.

DANIEL.

Comment! tu es capitaine? capitaine comme M. de Sourdis? tu vas avoir des habits brodés comme les siens

GRANDIER.

J'ai cent mille livres pour lever une compagnie.

MADAME GRANDIER.

Et qui t'a donné ces cent mille livres?

GRANDIER.

Le cardinal.

DANIEL.

Vive le cardinal!

GRANDIER.

Ce n'est pas le tout.

MADAME GRANDIER.

Comment! ce n'est pas le tout?

GRANDIER.

Non, j'ai gardé le meilleur pour la fin, ma mère.

MADAME GRANDIER.

Dis donc vite, alors!

GRANDIER.

Six mois de liberté, ma mère, six mois à passer près de vous!

MADAME GRANDIER.

Et qui te les as accordés?

GRANDIER.

Le cardinal.

MADAME GRANDIER.

Saint homme!

DANIEL, criant à tue-tête.

Vive le cardinal! (Chantant et faisant tourner l'Abbé.) Tra deri deri la la deri dera!

GRILLAU.

Mais que fais-tu donc?

DANIEL.

Tiens! quand je suis content, je danse : c'est ma manière de louer Dieu, à moi.

MADAME GRANDIER, regardant autour d'elle.

Ah! Grandier, mon enfant, comme tu vas trouver maintenant cette maison pauvre!

GRANDIER.

Pauvre, ma mère! pauvre, la maison où vous avez donné l'exemple de toutes les vertus! pauvre, la maison où vous avez été chaste épouse, bonne mère! pauvre, cette chapelle, cette église, ce temple, ma mère! Si tout cet or qu'on m'a donné était à moi, je ferais enchâsser d'or le seuil que votre pied béni touche tous les jours!

MADAME GRANDIER.

Au reste, tu vois, mon enfant, je l'ai rendue la plus belle possible, cette pauvre maison; voilà les fleurs que tu aimes; voilà ces belles étoffes que tu m'as envoyées d'Italie; j'ai voulu qu'elle aussi te sourît, puisqu'elle allait te revoir.

GRANDIER.

Oui, voici bien mes fleurs, voici bien mes étoffes; mais il me semble qu'il manque une chose ici.

MADAME GRANDIER.

Oui, cette belle madone que tu m'as envoyée de Suze, où tu l'as copiée, disais-tu, pendant ta garnison. Tiens, la voici; que voulais-tu que je fisse de ce brocart d'or, sinon un voile pour elle?

(Elle découvre la madone.)

GRANDIER.

Ah!

DANIEL.

Grandier, est-ce que tu ne trouves pas qu'elle ressemble un peu, beaucoup même, à la demoiselle de Sablé, ta madone de Suze?

GRANDIER.

Chut! enfant, ne rions pas avec les choses saintes. — Ma mère, vous croyez que je vous ai tout dit, n'est-ce pas? Eh bien non, il me reste à vous apprendre un dernier bonheur; mais, avant tout, dites-moi, comment se porte-t-elle?

MADAME GRANDIER.

Est-ce qu'on ne se porte pas toujours bien quand on est heureuse?

GRANDIER.

Elle est donc heureuse?

MADAME GRANDIER.

Presque aussi heureuse que moi.

GRANDIER.

Y a-t-il longtemps que vous ne l'avez vue?

MADAME GRANDIER.

Dimanche dernier, à la messe.

DANIEL.

Et moi, hier matin, dans le parc.

GRANDIER.

Est-elle toujours belle?

MADAME GRANDIER.

Comme les anges.

GRANDIER.

Ma mère, elle m'aime, elle est libre, elle m'attend!

MADAME GRANDIER.

Elle est donc encore plus ma fille que tu n'es mon fils, car tu ne me dis cela qu'aujourd'hui, toi, et elle me l'a dit depuis un mois... Mais je suis là, j'oublie que tu as fait une longue route, que tu as chaud, que tu as soif, faim peut-être; j'oublie que tu as envie de la revoir... Viens, Daniel, viens m'aider.

GRANDIER, répondant au regard de l'Abbé.

Non, ma mère, permettez, je le garde.

MADAME GRANDIER.

Mais embrasse-moi donc, au moins!

GRANDIER.

Oh! oui, et jamais assez, ma mère!

(Madame Grandier sort.)

SCÈNE III

DANIEL, GRANDIER, GRILLAU.

DANIEL.

Oh! je sais bien pourquoi tu me gardes, va! Je sais bien de qui tu veux parler.

GRANDIER.

Ah! tu sais cela, toi?

DANIEL.

Tu veux me parler de la demoiselle de Sablé; tu me gardes parce que je t'ai raconté que je l'avais vue hier.

GRANDIER.

Eh bien, oui; que t'a-t-elle dit, cher enfant?

DANIEL.

Elle m'a demandé de tes nouvelles, elle m'a dit que je te ressemblais, et elle m'a embrassé au front.

GRANDIER, l'embrassant au même endroit.

C'est tout?

DANIEL.

Puis elle m'a montré ses fleurs, ses oiseaux, le château, le parc, et elle m'a dit : « Tu sais que tout cela est à lui? »

GRANDIER.

Chère Ursule! Alors, elle m'aime toujours?

DANIEL.

Oh! cela, elle ne me l'a pas dit; non! mais je l'ai vu.

GRANDIER.

Alors, tu connais le parc?

DANIEL.

Oui.

GRANDIER.

Le château?

DANIEL.

Oui.

GRANDIER.

Les appartements?

DANIEL.

Oui.

GRANDIER.

Par conséquent, tu peux me dire où elle est en ce moment-ci.

DANIEL.

Moi?

GRANDIER.

Oui; ce qu'elle fait.

DANIEL.

Comment veux-tu que je te dise cela?

GRANDIER.

Ce à quoi elle pense, enfin.

DANIEL.

Ah çà! mais je ne suis pas sorcier! J'ai de bons yeux, c'est vrai, mais enfin, je ne puis voir d'ici à Sablé, moi...

GRANDIER.

Ah! si je voulais bien...

DANIEL.

Comment! si tu voulais bien, toi, je verrais, moi, à une lieue d'ici?

GRANDIER.

Oui.

DANIEL.

Oh!

GRANDIER.

Et tu me dirais ce que fait Ursule.

DANIEL.

Oh! oh!

GRANDIER.

Et même ce qu'elle pense.

DANIEL.

Allons donc! tu te moques de moi, frère.

GRANDIER.

Non, donne-moi tes mains.

DANIEL.

Les voilà.

GRANDIER.

Regarde-moi.

DANIEL.

Je te regarde.

GRANDIER.

C'est bien.

DANIEL.

Oh! Grandier... je me rappelle; Grandier, c'est comme lorsque j'étais enfant, et que je pleurais, et que tu me consolais en m'endormant... Ah!

(Il ferme les yeux.)

GRANDIER.

Tenez, mon père, voilà qu'il dort.

GRILLAU.

C'est, ma foi, vrai !

(La figure de l'enfant, d'animée et de souriante qu'elle était, devient calme.)

GRANDIER.

Daniel !

DANIEL, avec un autre accent que lorsqu'il était éveillé.

Frère ?

GRANDIER.

Devine ce que je veux.

DANIEL.

Oui, puisque je lis dans ta pensée... Tu veux que je te donne des nouvelles de la demoiselle de Sablé, n'est-ce pas ?

GRANDIER.

Oui. Vois-tu ?

DANIEL.

Ouvre-moi les yeux, frère.

GRANDIER.

Attends.

(Il passe la main devant les yeux de l'enfant, qui se fixent comme en extase.)

DANIEL.

Je vois.

GRANDIER.

Regarde ; vois-tu Ursule ?

DANIEL.

Non, pas encore, je la cherche.

GRANDIER.

Crois-tu que tu la trouveras ?

DANIEL.

Certainement ! je vais aller partout où j'ai été avec elle hier. Ah ! me voilà dans le parc d'abord.

GRANDIER.

Y est-elle ?

DANIEL.

Non, elle n'y est pas.

GRANDIER.

Entre au château, alors.

DANIEL.

C'est ce que je fais, je monte le perron... Ah ! mon Dieu !

GRANDIER.

Quoi ?

DANIEL.
Mais on dirait qu'il se passe quelque chose d'extraordinaire au château !
GRANDIER.
Et que s'y passe-t-il ? Voyons, regarde.
DANIEL.
Les domestiques courent, ils pleurent, les cloches de la chapelle sonnent.
GRANDIER.
Oh ! Daniel, tu te trompes... Regarde bien, écoute bien.
DANIEL.
Oh ! je ne me trompe pas.
GRANDIER.
Mais Ursule, la vois-tu ?
DANIEL.
Non, non, je ne la vois pas.
GRANDIER.
Ni dans le parc, ni dans le château ?... Mais où donc est-elle ?
DANIEL.
Attends, attends, je vais les suivre.
GRANDIER.
Qui ?
DANIEL.
Les prêtres.
GRANDIER.
Les prêtres ?
DANIEL.
Oui, les voilà qui entrent au château.
GRANDIER.
Que viennent-ils y faire ?
DANIEL.
Attends ! attends ! ils montent l'escalier ; ils ouvrent une porte : c'est la porte de sa chambre. Ah ! pauvre Urbain ! je la vois, je la vois !
GRANDIER.
Mon Dieu ! mon Dieu ! que lui arrive-t-il ? que fait-elle ?
DANIEL.
Elle se soulève sur son lit, elle veut parler, elle retombe, elle se meurt... elle est morte !
GRANDIER, s'élançant hors de la chambre.
Oh ! Ursule ! Ursule !

SCÈNE IV

DANIEL, GRILLAU, MADAME GRANDIER, accourant.

MADAME GRANDIER.

Qui appelle? qui crie?... J'ai entendu la voix d'Urbain... (Apercevant Daniel renversé dans les bras de Grillau.) Daniel ! mon enfant ! Daniel !

DANIEL, se réveillant.

Qu'est-il donc arrivé ?

GRILLAU.

Emmenez cet enfant, emmenez-le, et je vous dirai tout.

TROISIÈME TABLEAU

Une chambre du château de Sablé. — Chambre mortuaire. Ursule est couchée, pâle et immobile, sur son lit; elle a la couronne des vierges, le crucifix sur la poitrine, les mains croisées sur le crucifix. Les Prêtres, les Enfants de chœur et les Diacres entourent son lit. Les Serviteurs de la maison sont à genoux dans la chambre. — Le changement à vue se fait sur le chant du *De Profundis*.

SCÈNE PREMIÈRE

URSULE, couchée ; LES PRÊTRES, LES SERVITEURS, priant.

UN PRÊTRE.

J'ai, du plus profond de l'abîme,
Les bras tordus par la douleur,
Crié vers le Maître sublime :
« Pitié pour nous, pitié Seigneur ! »

(Musique religieuse.)

LE PRÊTRE, reprenant.

« Pitié pour l'enfant éphémère
Dont l'œil si limpide et si doux,
Fermé sur le sein de sa mère,
N'a rien connu, pas même vous !

« Pitié pour le vieillard qui doute,
Sous le fardeau des ans plié,
Et qui, vers la fin de sa route,
Même vous, a tout oublié ! »

(Musique religieuse. Urbain Grandier paraît et se met à genoux parmi les Serviteurs.)

LE PRÊTRE, reprenant après avoir vu Urbain.

« Pitié surtout au solitaire
Qui suit le sentier douloureux !
Le dernier qui reste sur terre,
Seigneur, est le plus malheureux ! »

(Musique religieuse. Les Prêtres jettent de l'eau bénite sur la morte et s'éloignent. Les Serviteurs sortent les uns après les autres.)

SCÈNE II

GRANDIER, puis MADAME GRANDIER et DANIEL.

Urbain s'approche du pied du lit.

GRANDIER.

C'est pour vivre avec toi sur la terre, chaste enfant, vierge pure, que j'ai voulu conquérir les honneurs et les richesses de la terre, et voilà que, pressée de recevoir la couronne des anges, tu es allée m'attendre au ciel. C'est donc au ciel désormais que doivent tendre mes vœux, c'est au ciel que je vais te rejoindre. Adieu donc aux joies de la terre ! adieu à tous les hochets du monde ! adieu à tous les symboles de l'ambition ! Le royaume des cieux est au pauvre de corps, à l'humble d'esprit ; le royaume des cieux est à celui qui prie, et non à celui qui combat, à celui qui se courbe, et non à celui qui lutte. (Ici entrent la mère de Grandier et Daniel.) Donc, loin de moi les panaches flottants (il jette son feutre), les armes éclatantes (il jette son épée), les signes du commandement (il jette son écharpe). Ursule, devant cet autel où vient de s'accomplir le mystérieux sacrifice de la mort, ton fiancé renonce, non pas à la vie, mais au monde. Dieu seul, qui donne la vie, peut disposer de la vie, et le seul suicide qui soit digne du chrétien, c'est le cloître. Ursule, à partir du moment où tu as exhalé ton dernier soupir, le capitaine Grandier a cessé d'exister pour faire place au moine Urbain. A lui donc la solitude, à lui la prière, à lui le cilice. Pardon, Daniel! pardon, ma mère! Quelque chose de plus puissant que vous m'arrache à vous.

(La mère de Grandier et Daniel sont restés appuyés l'un contre l'autre.)

MADAME GRANDIER.

Mon enfant!

DANIEL.

Grandier!

GRANDIER.

Daniel! ma mère! adieu! (S'arrachant de leurs bras, et allant tomber aux pieds de la morte.) A toi, Ursule, à toi, dans ce monde et dans l'autre!

MADAME GRANDIER, levant les bras au ciel.

Ainsi soit-il

ACTE PREMIER

QUATRIÈME TABLEAU

L'église de Loudun.

SCÈNE PREMIÈRE

MIGNON, MAURIZIO.

MIGNON.

Dame, vous comprenez, monsieur le comte, c'est une chose sérieuse qu'une prise de voile, la professe surtout étant étrangère, et l'on tient à être en règle.

MAURIZIO.

Eh! mon cher monsieur, vous y êtes, en règle! Voici votre dispense, voici la donation de six mille écus romains faite par la comtesse Albizzi à votre couvent, ou plutôt au couvent des Ursulines, dont vous êtes directeur. Enfin, voici pour vous la survivance à la cure de Saint-Pierre de Loudun, avec un bénéfice de trois mille livres pour vous faire prendre patience. Quant au reste, la chose est bien simple, mon Dieu!

Ma sœur, encore mineure, a été enlevée de la maison maternelle par un officier français, qui, pendant que nous avions obtenu sa mise en retraite chez les Ursulines de Loudun, l'a abandonnée, et court l'Italie pour son plaisir. D'ailleurs, il me semble que Bianca ne vous fait pas résistance, n'est-ce pas ?

MIGNON.

Non, monsieur le comte; depuis qu'elle sait que M. de Sourdis ne l'aime plus, elle va, au contraire, au-devant de l'heure qu'elle semblait tant redouter auparavant.

MAURIZIO.

Et, dites-moi, les vœux une fois prononcés, ils sont, en France comme en Italie, indissolubles, n'est-ce pas ?

MIGNON.

Oui, monsieur le comte.

MAURIZIO.

Oh! c'est que vous avez un diable de parlement !

MIGNON.

Il ne connaît pas des affaires ecclésiastiques.

MAURIZIO.

De sorte que, quand même elle apprendrait, dame! il faut tout supposer, quand elle apprendrait que nous nous sommes trompés à l'égard de M. de Sourdis, et que M. de Sourdis l'aime toujours...

MIGNON.

M. de Sourdis aime donc toujours votre sœur ?

MAURIZIO.

Eh! mon Dieu! qui vous dit cela? Je suppose, moi !... Comment voulez-vous que je sache, en France, ce qu'il fait là-bas, en Italie? On m'écrit qu'il va se marier avec la plus riche héritière de Turin; je le crois, et vous devez le croire aussi, vous, jusqu'à ce que vous ayez preuve du contraire.

MIGNON.

Je le crois aussi, monsieur le comte.

MAURIZIO.

De sorte que, lorsqu'elle apprendrait que nous nous sommes trompés, et que, par conséquent, nous l'avions trompée, une fois les vœux prononcés...?

MIGNON.

Il n'y a plus moyen de revenir dessus; non, monsieur le comte, et il n'y a pas d'exemple...

MAURIZIO.

Bien, merci, c'est assez. Elle ignore que je suis ici, n'est-ce pas ?

MIGNON.

Elle vous croit à Mantoue. Et, comme, hier encore, nous lui avons remis une lettre de vous qui est censée venir d'Italie...

MAURIZIO.

Bon ! je suis là, derrière ce pilier ; personne ne me connaît que vous, la supérieure et votre vicaire Barré ; je ne paraîtrais que s'il était absolument besoin. Ah ! voici qu'on ouvre. Ne vous faites pas attendre, hein ?

MIGNON, se retirant.

Monsieur le comte peut être tranquille. Tous les ordres sont donnés et toutes les précautions sont prises pour qu'il n'y ait aucun retard.

(Il s'éloigne.)

SCÈNE II

MAURIZIO, puis LE BAILLI, puis MADAME GRANDIER, DANIEL.

MAURIZIO.

Bien ! Cet homme est un ambitieux subalterne qui fera tout pour donner une fille d'une grande naissance au couvent qu'il dirige. Avec quel plaisir et quel orgueil il me faisait tout à l'heure l'énumération de ses pénitentes ! Est-ce qu'il croit par hasard que j'aurais mis ma sœur dans un chapitre qui n'eût pas été noble ?

LE BAILLI, s'approchant du Comte.

Monsieur est étranger ?

MAURIZIO.

Oui, monsieur. Je désire assister à la prise de voile.

LE BAILLI.

Et, en attendant, monsieur regarde notre église ?

MAURIZIO.

Oui, monsieur.

LE BAILLI.

Oh ! c'est une magnifique église ! Comment la trouvez-vous ?

MAURIZIO.

Pas mal.

LE BAILLI.

Comment, pas mal?

MAURIZIO.

Sans doute, pour une petite ville.

LE BAILLI.

Oh! oh! Loudun n'est pas précisément une petite ville, monsieur; d'ailleurs, il y a un bailliage. C'est moi qui suis bailli.

MAURIZIO.

Je suis votre serviteur, monsieur.

(Il s'éloigne.)

LE BAILLI.

C'est moi qui suis le vôtre... Je disais donc qu'il y a un bailliage, une abbaye, un couvent d'ursulines, où nous comptons les noms les plus considérables de la province : une demoiselle de Fasili, cousine du cardinal-duc, deux dames de Barbenis, de la maison de Nogaret, une demoiselle de Baracé, une... (S'apercevant qu'il parle seul.) Eh bien, mais il est poli, ce monsieur! (Allant à la mère d'Urbain, qui est agenouillée à une chaise.) Ah! vous voilà, madame Grandier?

MADAME GRANDIER.

Oui, monsieur le bailli.

LE BAILLI.

Est-ce que c'est Urbain qui fait le sermon?

MADAME GRANDIER

Non, monsieur.

LE BAILLI.

Tiens! et pourquoi cela? C'est pourtant son affaire, morbleu! Bon! moi qui jure dans une église! mais, comme c'est pour louer un saint, le bon Dieu me le pardonnera, car c'est un saint que votre fils, à ce que disent toutes nos femmes, du moins.

DANIEL, entrant.

Elles n'en disent pas autant de vous, monsieur le bailli.

LE BAILLI.

De moi? que disent-elles donc de moi?

DANIEL.

Oh! je vous le répéterais bien, mais je n'ose pas dans une église.

LE BAILLI.

Avez-vous vu ce petit drôle!

DANIEL.

Embrassez-moi, maman.

(Madame Grandier l'embrasse.)

LE BAILLI.

Est-il vrai, madame Grandier, que votre fils ne vous a pas revue, ni vous ni son frère, depuis qu'il a prononcé ses vœux?

MADAME GRANDIER.

Vous savez, monsieur le bailli, que c'est un grand chagrin qui a déterminé Grandier à se faire prêtre. Les liens qui l'attachaient au monde n'ont pas été dénoués, ils ont été rompus, et, s'il nous eût revus dans le cours de la première année, il eût craint, a-t-il dit, que notre vue ne fît monter ses douleurs au-dessus de sa résignation.

LE BAILLI.

Et quand y aura-t-il un an qu'il a fait profession?

MADAME GRANDIER.

Il y a un an juste aujourd'hui ; aussi, Daniel et moi, nous espérons bien l'embrasser aujourd'hui.

DANIEL.

Oh! sois tranquille, bonne mère : moi, j'entrerai dans le couvent... Je suis un homme, on ne fera pas attention à moi, et, une fois qu'il m'aura embrassé, il faudra bien qu'il t'embrasse.

MADAME GRANDIER.

Je sais que je suis dans son cœur, comme il est dans le mien, et je prends patience, mon enfant.

LE BAILLI.

Savez-vous qu'il n'a pas perdu son temps, votre fils!... Depuis un an qu'il est dans les ordres, le voilà supérieur de son couvent.

DANIEL.

Tiens! il était bien capitaine de sa compagnie!... il me semble que l'un vaut bien l'autre... Mais tenez donc, monsieur le bailli.

LE BAILLI.

Quoi?

DANIEL.

Voilà madame la baillive qui ne peut se placer, là-bas.

LE BAILLI.

Oh! bah! bah! bah!

DANIEL.

Non, parole d'honneur, je crois qu'elle a besoin de vous. Ah! si c'était Simonne, la tailleuse, vous ne vous feriez pas prier.

LE BAILLI.

Veux-tu te taire, petit drôle! veux-tu te taire!

(Il court à la Baillive.)

DANIEL, s'approchant de sa mère.

Ma mère...

MADAME GRANDIER.

Enfant, tu m'empêches de prier.

DANIEL.

C'est que je voulais vous dire... Savez-vous une chose?

MADAME GRANDIER.

Laquelle?

DANIEL.

M. de Sourdis est en France.

MADAME GRANDIER.

En France!... Mais on disait qu'il allait se marier en Italie?

DANIEL.

Eh bien, non, il est en France! il est à Paris! Il ne va pas se marier. Il paraît qu'il aime toujours mademoiselle Bianca; que c'est après elle qu'il courait en Italie; qu'on a trompé la pauvre fille en lui disant que M. de Sourdis en aimait une autre; de sorte qu'elle va faire des vœux dont elle se repentira probablement toute sa vie.

MADAME GRANDIER.

Et qui t'a dit cela?

DANIEL.

Ah! mon Dieu, un de mes camarades, pour lequel M. de Sourdis a toujours été bien bon; et, comme M. de Sourdis ne se fiait à personne que lui, d'abord parce qu'il pense que, comme c'est un enfant, on ne le surveillera point, il lui a envoyé une lettre, en le suppliant de faire passer cette lettre à mademoiselle Bianca, avant qu'elle prononce ses vœux.

MADAME GRANDIER.

Et a-t-il fait passer cette lettre, celui à qui M. de Sourdis l'avait envoyée?

DANIEL.

Non, pas encore.

MADAME GRANDIER.

Pourquoi?

DANIEL.

Dame, maman, il craignait de faire mal, et, comme vous êtes une sainte femme, et que vous ne pouvez donner que de bons conseils, il m'a prié de vous consulter.

MADAME GRANDIER.

Dis-lui de la remettre, mon enfant... S'il est vrai qu'on trompe cette jeune fille, s'il est vrai qu'on force sa vocation en lui faisant un mensonge, ce serait un crime de lui laisser ignorer que M. de Sourdis l'aime toujours.

DANIEL.

C'est bien... Maintenant, il aura la conscience tranquille.

(Mouvement dans l'église; tous les Assistants prennent place. L'orgue se fait entendre derrière le chœur; les Religieux chantent le *Salve regina*. Toutes les cloches sonnent.)

SCÈNE III

Les Mêmes, BIANCA, la tête appuyée sur l'épaule d'UNE RELIGIEUSE, soutenue par UNE AUTRE, et suivie de L'ABBESSE. Aux deux côtés de l'Abbesse, MIGNON et BARRÉ. Suite de Religieuses.

LES ASSISTANTS, montant sur les chaises.

Ah! la voilà! la voilà! — Tu sais, c'est une Italienne. — Oh! comme elle est pâle! — Dame, on dit qu'on la force, la pauvre fille! — Oh! si c'était moi, comme je dirais non! — Ça t'avancerait bien! — On ne peut pas vous forcer. — Non, non, non. — Mais puisque c'est son amant qui l'abandonne, au contraire, et que c'est pour cela qu'elle se fait religieuse. — Ah! pauvre enfant!

LE SUISSE.

Silence!

DANIEL, se glissant jusqu'à Bianca.

Prenez ce billet. (Il le lui pose dans la main.) Prenez donc!

(Bianca prend le billet machinalement et le garde dans sa main fermée. Les chants cessent, l'orgue s'arrête.)

MIGNON.

Allons, mon enfant, il faut dépouiller toutes ces pompes

mondaines... Il faut qu'il ne reste rien sur vous, comme il ne reste rien en vous, de ce qui appartient au monde, et, par conséquent, au démon.

BIANCA, tendant les mains pour qu'on ôte ses bracelets et ses dentelles, tendant son cou pour qu'on ôte son collier, sa tête pour qu'on ôte son voile.

Faites, mes sœurs.

(On ôte tous les ornements mondains de la professe, aux chants des Religieuses et aux sons de l'orgue.)

DANIEL, bas, s'approchant de Bianca.

Lisez donc!

MIGNON.

Comment vous nommez-vous, ma fille?

BIANCA.

Bianca dei Albizzi.

MIGNON.

Que demandez-vous?

BIANCA.

Que l'Église me reçoive dans son sein.

DANIEL, de même.

Lisez donc!

MIGNON.

Promettez-vous de dire la vérité?

BIANCA.

Je le promets.

DANIEL, de même.

Mais lisez donc, c'est de lui!

MIGNON, désignant Daniel.

Écartez cet enfant, qui trouble la cérémonie.

BIANCA, à part.

De lui! (Regardant le billet.) Ce billet! . Son écriture! Mon Dieu!...

MIGNON.

Qu'avez-vous, ma fille?

BIANCA.

Rien! Je demande à me recueillir un instant. (Elle vient au pied de la croix.) Pardonne-moi, mon Dieu, si une pensée profane vient de rentrer dans mon cœur au moment où je vais t'appartenir; mais une voix n'a-t-elle pas murmuré à mon oreille: « C'est de lui?... »

L'ABBESSE.

On lui a remis un billet, ce me semble?...

MIGNON.

Allez auprès d'elle, ma sœur, et priez-la...

L'ABBESSE.

Je me nomme Jeanne de Laubardemont, je suis supérieure du couvent des Ursulines; je ne prie pas, j'ordonne ou je me tais.

MIGNON.

Alors, j'y vais moi-même.

(Il s'approche de Bianca, qui a lu le billet de Sourdis; elle le regarde venir à elle.)

MAURIZIO, à part.

Que se passe-t-il donc?

MADAME GRANDIER.

Est-ce qu'on lui a remis le billet, Daniel?

DANIEL.

Oui, ma mère, on le lui a remis.

BIANCA, à Mignon, en le regardant en face.

Mon père, vous êtes un homme de Dieu, et, comme tel, vous ne sauriez mentir, n'est-ce pas? Tout ce que l'on m'a dit est bien vrai?

MIGNON.

A quel propos me demandez-vous cela?

BIANCA.

Il est vrai que M. de Sourdis m'a oubliée, n'est-ce pas?

MIGNON.

Ma fille!

BIANCA.

Qu'il est en Italie, n'est-ce pas?

MIGNON.

Ma fille!

BIANCA.

Et qu'il va se marier à Turin? Tout cela est bien vrai, car, en face de Dieu, vous n'oseriez pas mentir; répétez-moi donc que tout cela est vrai.

MIGNON.

Ma fille!...

DEUX RELIGIEUSES, revenant à Bianca.

On vous attend, ma sœur.

BIANCA.

C'est bien, me voici... Continuez votre interrogatoire, mon père, je suis prête à répondre.

MIGNON, reprenant.

Bianca dei Albizzi, promettez-vous de dire toute la vérité?

BIANCA, d'une voix presque menaçante.

Je le promets.

MIGNON.

Est-ce de votre plein gré et de votre libre volonté que vous êtes ici?

BIANCA, à voix haute.

Non! C'est parce que l'on m'a trompée.

(Mouvement dans l'assemblée.)

VOIX CONFUSES.

Elle a dit non! — Elle a dit non! — Elle a dit qu'on l'avait trompée.

LE BAILLI.

Avez-vous entendu, madame la baillive?

LES FEMMES.

Oui, elle a dit non. — On l'a trompée, pauvre jeune fille!

MIGNON.

Faites faire silence... (A Bianca, à demi-voix.) Réfléchissez à ce que vous avez dit, mon enfant. (Haut.) Faites-vous vœu de pauvreté, d'obéissance et de célibat?

BIANCA, d'une voix forte.

Non!

MIGNON.

Ma fille, remettez-vous et écoutez-moi; vous ne m'avez pas entendu.

BIANCA.

Si fait! Vous me demandez si je promets à Dieu pauvreté, obéissance et célibat; je vous ai bien entendu, et je vous réponds: Non, non, non, je ne promets rien.

L'ABBESSE, riant.

Bon! encore une âme qui se perd.

(Murmure, tumulte.)

LES RELIGIEUSES.

Ma sœur! ma sœur!

LES PRÊTRES.

Ma fille!

BIANCA.

Oui, c'est un grand scandale, je le sais ; mais il retombera sur la tête de ceux qui m'ont trompée. J'en appelle à vous tous qui m'écoutez, à tous ceux qui ont aimé une seule fois dans leur vie. On m'a dit que l'homme que j'aimais ne m'aimait plus ; on m'a dit qu'il avait quitté la France de peur de me revoir ; on m'a dit qu'il était en Italie, et qu'il allait épouser une autre femme ; et ainsi peu à peu, douleur à douleur, désespoir à désespoir, on m'a prosternée aux pieds de Dieu ; j'ai cru que j'avais tout perdu sur la terre, et j'ai demandé au ciel de me donner la prière... en place de l'amour. Mais on mentait : il m'aime toujours, il est en France ; il revient, il me dit de me conserver à lui, il me dit de ne pas faire de vœux, il me dit... (On la force de se mettre à genoux, on veut lui jeter un voile sur la tête ; elle se débarrasse du voile, ses cheveux tombent, une Religieuse s'approche avec des ciseaux ; Bianca se débat un instant en disant.) A moi ! à moi ! (Puis elle s'échappe des mains de celles qui l'entourent et vient jusque sur le devant en criant.) Non ! non ! non ! je ne veux pas qu'on me coupe les cheveux, je ne le veux pas ! Non ! non ! non ! je ne le veux pas !

(Tumulte, grand bruit dans l'assistance.)

SCÈNE IV

Les Mêmes, OLIVIER, hors de l'église.

OLIVIER.

Bianca ! Bianca !

BIANCA.

C'est lui !... c'est sa voix !... Laissez-moi passer !...

OLIVIER, dans l'église.

Bianca !... est-il temps encore ?... Oh ! je te disputerai à tout le monde, même à Dieu !

(Il tire son épée.)

MAURIZIO.

L'épée au fourreau, monsieur, si vous ne voulez pas avoir le poing coupé pour avoir tiré l'épée dans une église !

OLIVIER.

Maurizio ici !

BIANCA.

Mon frère en France !

MAURIZIO.

Je suis le frère de cette jeune fille, je représente toute sa famille, qui la voue à Dieu par ma voix, et voici un ordre du cardinal-duc qui enjoint d'achever la cérémonie nonobstant toute opposition. (Aux Soldats qui sont dans l'église.) Faites votre devoir.

OLIVIER.

Oh ! Nogaret, Baracé, à moi ! fût-ce de force, il faut que nous l'enlevions !

BIANCA, allant embrasser la croix.

Mon Dieu ! mon Dieu ! je n'ai donc plus d'espoir qu'en vous !

SCÈNE V

Les Mêmes, GRANDIER, étendant la main au-dessus de Bianca.

GRANDIER.

Qui donc veut donner à Dieu une épouse malgré elle et malgré lui ?

TOUS, reculant.

Urbain Grandier ! Urbain Grandier !

(Tumulte.)

BIANCA.

Oh ! soyez mon appui, mon soutien, mon sauveur !

GRANDIER.

Laissez passer M. de Sourdis.

(Les Gardes hésitent.)

MAURIZIO.

Je parle au nom du cardinal-duc, prenez garde !

GRANDIER.

Et moi, je parle au nom de Dieu !... Laissez passer M. de ourdis.

(Les rangs des Soldats s'ouvrent.)

OLIVIER.

Grandier, mon ami !

GRANDIER, remettant Bianca entre les mains de Sourdis.

Ma fille, vous eussiez fait une mauvaise religieuse ; Dieu préfère que vous soyez une honnête femme. Allez !

L'ABBESSE, à part, regardant Grandier.

Cet homme est trop beau pour une créature terrestre. Il faut que ce soit un ange ou un démon.

CINQUIÈME TABLEAU

La cellule de Grandier. — Cellule de peintre, de savant, de musicien, aussi bien que cellule de moine. Le portrait de la Vierge que l'on a vu chez Urbain Grandier, et qui n'est autre que celui d'Ursule de Sablé. Un beau rayon de jour pénètre dans la cellule, à travers une fenêtre toute tapissée de fleurs.

SCÈNE PREMIÈRE

GRANDIER, UN RELIGIEUX.

GRANDIER, assis et remettant une lettre au Moine.

Cette lettre, comme vous le voyez, mon frère, est pour M. d'Escoubleau de Sourdis, archevêque de Bordeaux. Je lui rends compte de ma conduite dans toute cette affaire ; je lui raconte dans les moindres détails ce qui vient de se passer au couvent des Ursulines. Je lui dis que cette prise forcée de voile était un sacrilége ; il est important que cette lettre arrive le plus tôt possible. Je pourrais être prévenu par quelque déclaration ennemie. Le messager ne s'arrêtera en route que le temps absolument nécessaire, et descendra directement à l'archevêché. Allez, mon frère.

(Le Religieux s'incline et sort.)

SCÈNE II

GRANDIER, seul.

Ma mère était là, Daniel y était aussi ; mes bras se sont ouverts malgré moi pour les serrer sur mon cœur. Pauvre Grandier, que tu es faible encore !... O mon Dieu ! pourquoi mêlez-vous donc à l'amour que je leur porte le souvenir d'un autre amour ? Non, je ne les reverrai pas encore, je leur parlerais d'elle, et c'est bien assez d'en parler à vous, mon Dieu, qui en avez fait un ange, et qui l'avez assise à vos côtés. Elle les a connus, elle les a aimés; si je les revoyais, c'est comme si je la revoyais, elle... Oh! non, je ne les reverrai pas, pas encore du moins.

SCÈNE III

GRANDIER, le Religieux, puis le Bailli.

LE RELIGIEUX.

Votre commission est faite, mon révérend père, et le messager va partir à l'instant même.

GRANDIER.

Reveniez-vous pour me dire cela seulement?

LE RELIGIEUX.

Je revenais pour vous dire, mon révérend, que M. le bailli demande à vous parler.

GRANDIER.

Le bailli?

LE RELIGIEUX.

Il a, dit-il, une communication importante à vous faire.

LE BAILLI, de la porte.

Est-ce que je vous dérange, mon révérend?

GRANDIER.

Non pas.

LE BAILLI.

C'est que, dans ce cas, je reviendrais un autre jour.

GRANDIER.

Entrez, je vous prie, monsieur le bailli.

SCÈNE IV

GRANDIER, le Bailli, puis DANIEL.

LE BAILLI.

Ah! me voilà dans le *sanctum sanctorum*. C'est ici que vous faites ces beaux sermons que vous nous débitez en chaire; c'est ici que vous composez cette belle musique qu'on nous chante au salut; c'est ici enfin que vous peignez ces beaux tableaux que les étrangers qui visitent nos églises croient que nous faisons venir de Venise, de Florence où de Rome.

GRANDIER.

Monsieur le bailli, je n'ai pas quitté le monde seul, j'ai emmené avec moi dans la solitude un ami fidèle, un compagnon assidu : le travail.

LE BAILLI.

Le fait est que vous avez le droit de le prêcher aux autres, vous. De ma chambre à coucher, je vois la fenêtre de votre cellule; eh bien, à quelque heure de la nuit que je m'éveille, si je regarde par ici, votre lampe brûle. Vous ne dormez donc pas, vous?

GRANDIER.

Je dors peu, du moins.

LE BAILLI.

De sorte que vous vous occupez sans cesse?

GRANDIER.

Le temps est un serpent qui mord celui qui ne sait pas l'employer, et qui caresse celui qui sait le mettre à profit.

LE BAILLI.

Et vous ne croyez pas ces occupations un peu profanes?

GRANDIER.

Non, monsieur le bailli, car je crois que le Seigneur est au fond de toute chose, et, vous savez, qui croit, voit. Moi, je vois Dieu partout. Ce problème que je demande à la science, c'est Dieu. Cette mélodie que je cherche dans la musique, c'est Dieu. Ce beau idéal que je rêve dans la peinture, c'est Dieu. Tout ce qui est grand et beau vient de Dieu et retourne à Dieu... Mais vous avez, dites-vous, une communication importante à me faire, monsieur le bailli.

LE BAILLI.

Ah! d'abord, je voudrais vous féliciter sur ce que vous avez fait aujourd'hui à l'église, à propos de cette pauvre fille que l'on voulait faire religieuse malgré elle.

GRANDIER.

Vous ne me blâmez donc pas de lui être venu en aide?

LE BAILLI.

Oh! non, bien au contraire, ni nos femmes non plus. Ah! si vous pouviez écouter à toutes les portes, je suis sûr qu'il n'y a pas, à l'heure qu'il est, excepté peut-être au couvent des Ursulines, une seule commère dans tout Loudun qui ne chante vos louanges. Ah! prenez garde! si cela continue, je crois que vous en damnerez encore plus que vous n'en sauverez.

GRANDIER.

Ainsi, vous trouvez que j'ai fait ce que je devais faire?

LE BAILLI.

Oui, oui, oui, quoiqu'il y ait quelque danger à cela. Savez-vous que la chose pourrait bien mal tourner pour vous?

GRANDIER.

Ah! ah! vous pensez que ma désobéissance, ou plutôt mon opposition aux ordres du cardinal...?

LE BAILLI.

Non, je ne m'effraye pas beaucoup des grands ennemis, je n'ai peur que des petits; le cardinal a trop de choses à faire pour s'occuper de vous; mais prenez garde à Mignon, le directeur de nos béguines, à qui vous enlevez une dot de six mille écus; mais prenez garde à Barré, son vicaire; ils ont du temps de reste, eux, et, quand ils l'emploieraient à vous faire pièce, cela ne m'étonnerait point.

GRANDIER.

Est-ce là la communication importante que vous aviez à me faire, monsieur le bailli? En ce cas, je vous remercierais du plus profond de mon cœur de vous être dérangé à mon intention.

LE BAILLI.

Non, ce n'était pas cela encore. Je viens, — comme vous êtes non-seulement un saint homme, mais encore un savant docteur, monsieur Grandier, — je viens vous faire part de certains bruits qui commencent à courir par la ville, et vous demander si vous croyez à leur réalité.

GRANDIER.

Ah! vous voulez parler des apparitions qui ont lieu dans certaines parties du vieux château de Loudun?

LE BAILLI.

Oui; et cela, malgré le voisinage du couvent de nos ursulines.

GRANDIER.

Vous attachez de l'importance à tous ces commérages de vieille femme, monsieur le bailli? Vous êtes bien bon.

LE BAILLI.

Eh! eh! des gens fort sensés et aucunement timides m'ont

assuré, mon révérend, avoir, en passant le jour près d'une ouverture donnant sur les caveaux du couvent, entendu comme des gémissements, comme des plaintes, comme des prières ; tandis que d'autres, en passant la nuit près du cloître, m'ont dit avoir vu — oh ! de leurs yeux vu ! — de grandes formes blanches errant sur les terrasses, et faisant avec leurs voiles des signes de menace aux curieux.

GRANDIER.

Des signes de menace avec des voiles ne sont pas des signes bien dangereux, monsieur le bailli.

LE BAILLI.

Alors, vous ne croyez pas aux apparitions ?

DANIEL, passant par la fenêtre et allant se cacher derrière le rideau.

Eh bien, si tu n'y crois pas, frère, je vais t'y faire croire, moi.

LE BAILLI.

Il me semble pourtant que les livres saints... Ah ! vous n'y croyez pas ?

GRANDIER.

Je ne dis point cela, monsieur le bailli. Je crois à tous les faits contenus dans l'Ancien et le Nouveau Testament, et même à quelques-uns de ceux qui sont rapportés dans les livres païens. Or, je vois, dans la Bible, que l'ombre de Samuel, évoquée par la pythonisse d'Endor, est apparue à Saül. Je vois, dans l'Évangile, que le Christ est apparu à Madeleine. Enfin, je vois, dans Plutarque, qu'à Sardes le spectre de César s'est fait visible pour Brutus et lui a annoncé que sa seconde apparition à Philippes serait sa défaite et sa mort. Je serais donc mal venu, moi pauvre soldat d'hier, pauvre moine d'aujourd'hui, de lutter contre de pareilles autorités, et je crois à ces apparitions : aux deux premières comme articles de foi, à la troisième comme fait historique. Mais je crois que, pour troubler ainsi l'ordre ordinaire de la nature, je crois que, pour que sortent du tombeau ceux que la mort y a une fois couchés, je crois qu'il faut à Dieu, c'est-à-dire à la suprême unité, au suprême pouvoir, à la suprême intelligence, je crois qu'il faut de puissants motifs. Or, ce motif était puissant à l'endroit de Saül, puisqu'il s'agissait de la vie et du bonheur d'un peuple, que l'ombre de Samuel venait disputer à la folie de son roi. Or, ce motif était puissant à l'égard de Madeleine, puisqu'il s'agissait, par l'organe d'une des saintes femmes qui avaient assisté à sa mort, de proclamer la résurrection du Christ. Or, ce motif était puissant vis-à-vis de Brutus, puisque c'était l'avis donné, au meurtrier par la victime, que le meurtre politique est non-seulement infâme et odieux à l'égal des autres meurtres, mais encore inutile. Voilà les apparitions auxquelles je crois, monsieur le bailli, et cela, parce qu'elles ont un grand but d'humanité, de foi ou de doctrine; mais aux apparitions qui ont pour but d'éloigner les curieux d'un soupirail, d'une carrière ou des ruines d'un vieux château, non! à celles-là, je vous avoue que j'y crois peu ou plutôt pas du tout.

LE BAILLI.

Mon cher Grandier, vous parlez comme un livre, et même je dirai qu'il y a bien des livres qui ne parlent pas comme vous. Mais, si ces apparitions se confirment, comme c'est moi qui, en ma qualité de bailli, ai certaine responsabilité vis-à-vis de mes concitoyens, que faudra-t-il que je fasse?

GRANDIER.

Vous viendrez me trouver un soir, monsieur le bailli. Je détacherai de la muraille cette palme qui m'a été rapportée de Jérusalem et qui, lorsqu'elle tenait à sa tige, ombrageait le divin tombeau de Notre-Seigneur. Et, ce rameau bénit à la main, j'irai moi-même, confiant dans la pureté de mon cœur et dans l'assistance de Dieu, m'assurer de la vérité.

LE BAILLI.

Mon révérend, vous êtes un grand courage et un grand esprit. Il y a à la fois en vous du soldat et du moine.

GRANDIER.

Il y a le chrétien, monsieur le bailli, et voilà tout.

LE BAILLI.

Eh bien, c'est dit, je me tiens à l'affût des apparitions, je guette les revenants, et, s'ils se montrent de nouveau, je viens vous chercher, et nous faisons l'expédition ensemble.

GRANDIER.

C'est convenu, monsieur le bailli.

LE BAILLI.

Au revoir, mon père, au revoir!

SCÈNE V

GRANDIER, DANIEL, paraissant.

DANIEL.

Ah! le voilà donc parti. Ce n'est point malheureux. Est-il bavard, ce bailli!

GRANDIER.

Daniel!

DANIEL.

Oui, Daniel, Daniel, qui est obligé d'entrer par la fenêtre, parce que son frère lui ferme la porte, et je crois, Dieu me pardonne, après lui avoir fermé la porte, lui ferme les bras.

GRANDIER.

Oh! non, non! Viens, mon enfant, viens!

(Il lui tend les bras, Daniel s'y jette; Urbain le presse contre son cœur, puis fond en larmes, et s'assied sur une chaise, tandis que Daniel reste debout, enveloppé dans ses bras.)

DANIEL.

Pauvre frère! N'aurait-il pas mieux valu que ce fût ainsi depuis longtemps? Aujourd'hui, peut-être, la blessure serait cicatrisée.

GRANDIER.

Mon cher enfant, ce sera ainsi sans cesse, et la blessure saignera toujours. Seulement, elle saigne en dedans, Daniel, et personne ne la voit saigner, que Dieu, qui m'a repris Ursule, et que toi, qui l'as connue.

DANIEL.

Oh! je disais bien à maman que c'était pour cela que tu ne voulais pas nous revoir.

GRANDIER.

J'avais tort. Cela fait du bien, de pleurer. Quand trop de larmes s'amassent sur le cœur, elles étouffent celui qui ne les répand pas. Oh! n'est-ce pas, mon enfant, que Dieu ne peut m'en vouloir de la pleurer?

DANIEL.

Je la pleure bien, moi qu'elle n'aimait pas comme elle t'aimait, moi qu'elle n'aimait que comme un enfant et comme un frère. Aussi tu t'es enfui, toi; moi, je suis resté.

GRANDIER.

Voulais-tu que, moi qui venais de me donner tout entier à Dieu, j'offrisse aux hommes le spectacle de ma douleur?... Oh! c'est un dernier sentiment d'orgueil qui m'a entraîné, et j'en suis bien puni; car je ne sais pas même où elle dort du dernier sommeil; car, à travers les larmes que je verse sur sa mort, je ne puis pas même entrevoir son tombeau.

DANIEL.

Elle est dans le cimetière de Sablé, frère; et l'on a planté sur son tombeau de grands arbres que l'on aperçoit de la fontaine de la route.

GRANDIER.

Et son sépulcre, de quelle forme est-il? A-t-elle au moins les fleurs qu'elle aimait? C'étaient les roses blanches, le jasmin, les violettes. Qui prend soin de tout cela? qui veille sur la mort de celle qui veillait sur la vie de tous?

DANIEL.

Hélas! je ne saurais te le dire non plus, frère. J'ai bien été, comme les autres, de l'église au cimetière; mais, arrivé à la porte, en songeant qu'on allait l'enfermer dans un caveau sombre, ou la descendre dans une fosse humide; en songeant que j'allais entendre crier les gonds rouillés d'une porte sépulcrale, ou retentir sur la bière cette première pelletée de terre qui sépare la vie de l'éternité, oh! oh! j'ai tant pleuré, frère, que ma mère m'a dit: « N'allons pas plus loin, mon enfant! » et qu'elle m'a emmené, car elle pleurait aussi fort que moi. Pauvre mère, va!...

GRANDIER.

Et tu n'es jamais retourné seul?

DANIEL.

Au cimetière de Sablé? Non, jamais, jamais!

GRANDIER.

Oh! il faut pourtant que je sache où elle repose, il faut que je connaisse son tombeau. Nous allons y aller ensemble, n'est-ce pas, mon cher Daniel?

DANIEL.

Où cela?

GRANDIER.

Au cimetière de Sablé.

(Il lui prend les mains et le regarde.)

DANIEL.

Oh! avec toi, j'irai partout où tu voudras, frère.

GRANDIER.

Viens, alors.

DANIEL, fermant les yeux.

Ah!

GRANDIER.

Y sommes-nous?

DANIEL.

Oui, attends... Je crois que nous voilà à la porte. Mais je ne vois pas bien.

(Grandier passe la main sur les yeux de l'enfant; ses yeux s'ouvrent.)

GRANDIER.

Vois-tu mieux?

DANIEL.

Oui.

GRANDIER.

Alors, conduis-moi.

DANIEL.

Ah! comme il est triste, le cimetière! toutes les feuilles tombent des arbres comme des âmes qui s'envolent! toutes les fleurs se fanent comme des vierges qui meurent!

GRANDIER.

Ursule! Ursule!

DANIEL.

Prends garde, frère! On dit que de heurter la pierre d'un tombeau, cela porte malheur. Prends garde, et suis ce petit sentier... C'est là-bas, vois-tu, à ces quatre cyprès. Pourquoi n'a-t-on pas mis d'autres arbres que les cyprès? Jamais les oiseaux ne s'y reposent, dans les cyprès, et elle, elle aimait tant le chant des oiseaux!

GRANDIER.

Ursule! Ursule!

DANIEL.

Nous y voilà! Tiens, c'est au delà de cette balustrade. Il y a quatre tombes dans le petit enclos. Ce n'est pas celle-ci; celle-ci, c'est celle de sa mère. Ce n'est pas celle-ci non plus; celle-ci, c'est celle de son frère, qui était du même âge que moi, tu sais? et qu'on appelait Didier. Bonjour, Didier... Ah! ah! voici la sienne!

GRANDIER.

Ursule ! Ursule !

DANIEL.

C'est une grande dalle de marbre avec une croix sculptée. Attends, je vais lire l'inscription du tombeau : « Ici gît très-haute et très-puissante demoiselle Ursule de Sablé, comtesse de Rovère. Elle était née au monde le 1ᵉʳ mai 1610, et elle est remontée à Dieu le 15 juin 1629. »

GRANDIER.

Vierge sainte, priez pour moi !

DANIEL.

Oh ! mon frère, oh ! que c'est étrange !

GRANDIER.

Quoi donc ?

DANIEL.

Je vois sous la pierre comme s'il n'y avait pas de pierre ; je vois dans le caveau comme s'il était éclairé.

GRANDIER.

Eh bien ?

DANIEL.

Eh bien, il y a une bière, mais elle est vide !

GRANDIER.

Que dis-tu ?

DANIEL.

Je dis, je dis, je dis qu'il n'y a pas de cadavre dans le cercueil.

GRANDIER.

Mon Dieu !

DANIEL, cherchant.

Non ! non ! non !

GRANDIER.

Mais ils l'ont donc enlevé pour le conduire dans une autre sépulture ?

DANIEL.

Attends... Oui, je les vois. Il y a une femme et deux hommes. Ils prennent le cadavre... ils l'emportent...

GRANDIER.

Où cela ?

DANIEL.

Je les suis. Sois tranquille. On la met dans une voiture. La voiture part. Elle entre à Loudun. On la descend au couvent des Ursulines. C'est la nuit. La femme a une clef de la grille. Elle ouvre. Elle indique les caveaux du couvent... Ah! nous voilà encore au milieu des tombeaux! Elle dépose Ursule dans un caveau qui ferme avec une grille. Elle allume une lampe. Elle met près du corps un pain et de l'eau. Elle sort. Attends! attends! Mon Dieu! Ursule se réveille. Il me semble... oui, je la vois... elle est à genoux... elle prie... elle n'est pas morte!

GRANDIER.

Ursule n'est pas morte?

DANIEL.

Mais non! puisque je te dis qu'elle prie! puisque je te dis que je la vois!

GRANDIER.

Oh! tu es sûr? tu es sûr?

DANIEL.

Je la vois!

GRANDIER.

Et tu peux me conduire où elle est?

DANIEL.

Oui, oui, certainement, si tu ne m'éveilles pas.

GRANDIER.

Ah! viens! viens!

DANIEL.

Suis-moi!

(Ils sortent.)

ACTE DEUXIÈME

SIXIÈME TABLEAU

Le caveau sépulcral du couvent des Ursulines. — Grand escalier par lequel on y descend. Sur le devant, l'*in-pace*, isolé par une grille. L'*in-pace* est à la gauche du spectateur ; une lampe l'éclaire d'un jour particulier.

SCÈNE PREMIÈRE

URSULE, dans le caveau, assise sur de la paille ; devant elle, JEANNE DE LAUBARDEMONT, appuyée à la porte de l'*in-pace*.

URSULE.

Mais enfin, madame, aurez-vous pitié de moi un jour, et me direz-vous quel crime j'ai commis pour vivre ici enchaînée dans un cachot au centre de la terre ? et cela depuis combien de temps, je n'en sais rien, car j'ai cessé de compter les jours et les nuits, jours et nuits s'étant à la fin confondus pour moi dans une éternelle obscurité.

JEANNE.

N'êtes-vous pas morte, et le séjour des morts n'est-il pas le tombeau ?

URSULE.

Oh ! les morts, les morts du moins dorment dans l'attente de la résurrection éternelle, tandis que ma délivrance, à moi, c'est la mort ! c'est la mort !

JEANNE.

Pourquoi l'attendez-vous, cette mort que vous implorez ? pourquoi n'allez-vous point au-devant d'elle ? N'avez-vous pas là, à la portée de la main, ce qu'il vous faut pour vous débarrasser de la vie, quand la vie vous sera à charge ?

URSULE.

Ce poison, n'est-ce pas ? Pourquoi, au lieu de ce narcotique qu'on m'a donné, et qui m'a fait passer pour morte, pourquoi, dites, ne m'a-t-on pas donné tout de suite un poison qui m'eût tuée ?

JEANNE.

Parce que celle qui avait à se venger de vous n'a pas voulu

commettre un crime inutile. Pourquoi vous tuer quand elle pouvait vous laisser vivre? N'êtes-vous pas morte en réalité, et croyez-vous qu'un vrai sépulcre soit plus profond et plus sourd que cette prison qui vous renferme?

URSULE.

J'ai compris un seul mot de ce que vous venez de me dire : celle qui veut se venger de moi, c'est vous, n'est-ce pas, madame?

JEANNE.

C'est moi, vous l'avez dit.

URSULE.

Vous venger de moi! mais en quoi vous ai-je offensée? Je ne vous avais jamais vue avant le jour où je me suis réveillée dans ce cachot ; je ne vous connais pas, et, aujourd'hui encore, que vous me dites que vous vous vengez de moi, je ne sais pas même votre nom... Non, madame, je le répète, vous ne sauriez vous venger de moi, puisque jamais je ne vous ai fait de mal.

JEANNE.

Tu ne m'as jamais fait de mal?... Regarde-moi : je suis jeune encore, belle encore, riche et de haute naissance ; nul ne me forçait à faire de vœux, et pourtant je porte cet habit, je suis supérieure d'un couvent, et, une fois par jour, je me condamne à descendre au fond de ces caveaux pour t'apporter la lumière et la vie. Eh bien, ces vœux, cet habit, ce crime même que je commets en te séparant du monde, c'est toi qui es cause de tout.

URSULE.

Si cela est ainsi, je vous demande pardon, et je prierai pour vous ; mais, je vous le répète, je ne comprends pas.

JEANNE.

Tu ne comprends pas! Ainsi, tu crois que le mal qu'une femme peut faire à une autre femme n'est que dans le poison qu'elle lui verse ou dans le coup de poignard dont elle la frappe? Il faut, pour te donner une idée du mal, que tu voies le breuvage qui empoisonne ou le fer qui tue! Et la jalousie qu'une rivale fait boire, et l'amour dédaigné avec lequel elle vous déchire le cœur, tu comptes cela pour rien...Tu ne m'as point fait de mal? Eh ! que m'importe que le mal ne vienne pas de toi, s'il me vient par toi?

URSULE.

Ah! vous avez connu Urbain, vous l'avez aimé, je comprends tout. Si vous l'avez connu, madame, où est-il? que fait-il? qu'est-il devenu?

JEANNE, s'apprêtant à sortir.

Adieu, Ursule!

URSULE, s'élançant.

Oh! madame, un moment encore, un mot encore!

JEANNE.

Que t'importe où il est, ce qu'il fait, ce qu'il est devenu, puisque tu es séparée de lui pour toujours?

URSULE.

C'est l'arrêt que vous avez prononcé, madame; mais il n'est pas encore ratifié par le Seigneur. Le Seigneur est bon, le Seigneur est miséricordieux; si profondément que vous m'ayez ensevelie, son regard descendra jusqu'à moi, ou ma prière montera jusqu'à lui... Un jour, il me délivrera.

JEANNE.

T'a-t-il délivrée depuis deux ans?

URSULE.

Peut-être suis-je condamnée à un temps d'épreuve, et n'ai-je point encore assez souffert.

JEANNE.

Rêve toi-même aux événements qui peuvent te tirer d'ici, et dis-moi sur lequel tu peux compter, voyons...

URSULE.

Tenez, approchez-vous, et voyez cette goutte d'eau qui tombe toutes les minutes de la voûte sur cette dalle, et cela, avec une telle régularité, qu'elle eût pu me servir à mesurer le temps; eh bien, elle est parvenue à percer cette pierre.

JEANNE.

Il y a mille ans peut-être qu'elle tombe ainsi une fois toutes les minutes.

URSULE.

Eh bien, que j'applique mon esprit à user ma chaîne; je suis jeune, j'avais dix-neuf ans quand j'ai été renfermée ici, et peut-être, ne fût-ce qu'avec mes larmes, je parviendrai à l'user comme cette goutte d'eau a fait de la pierre... et alors...

JEANNE.

Et alors, tu trouveras cette grille fermée, cette porte fermée ; les useras-tu l'une et l'autre avec tes larmes, dis?

URSULE.

Eh bien, lui aussi souffre, lui aussi me cherchera de son côté!...

JEANNE.

D'abord, il te croit morte, et puis, te sût-il vivante, qui te dit qu'il t'aime encore?

URSULE.

Puisque tu as fait des vœux, puisque tu as pris le voile, puisque tu descends dans ce cachot une fois par jour, tu vois bien qu'il n'a pas cessé de m'aimer.

JEANNE.

Soit, suppose tout, Ursule ; suppose que tes larmes usent ta chaîne, suppose que Grandier t'aime toujours, suppose que Grandier te cherche, suppose qu'il prenne à mon cou cette clef qui ne me quitte jamais, suppose que tu entendes son pas, suppose que tu entendes sa voix, suppose qu'il puisse apparaître tout à coup à travers ces grilles...

URSULE.

Oh! alors, ce jour-là me payera de toutes mes peines!

JEANNE.

Ce jour-là sera le plus cruel et le plus désespéré de tes jours; car, en le revoyant, Ursule, tu comprendras du premier coup d'œil que tu viens, en le revoyant, de le perdre pour jamais.

URSULE.

Que voulez-vous dire?

JEANNE.

Oui, Urbain pense toujours à toi, oui, Urbain t'aime toujours, il t'aime au delà de ce que tu as pu croire, de ce que tu as pu rêver, il t'aime tant, pauvre Urbain, il t'aime tant, qu'il s'est fait prêtre!

(Elle sort.)

URSULE, s'affaissant sur elle-même.

Oh! mon Dieu! mon Dieu!

SCÈNE II

URSULE, seule.

C'est moi qui vis, et c'est lui qui est mort ! Pauvre Urbain ! il m'aimait donc bien qu'il a renoncé à ce monde du moment qu'on lui a dit que je n'en étais plus ?... Oh ! le Seigneur m'est témoin, Urbain, que, dans mes heures les plus désespérées et les plus mortelles, je n'ai pas douté un instant de ton amour ; Urbain, tu étais là éternellement près de moi, et je te voyais, je t'écoutais et je me disais : « Oh ! il faut qu'il me croie morte, puisqu'il ne m'a pas encore retrouvée. » Oh ! si j'avais un moyen de lui faire savoir que je suis vivante, si j'avais un moyen de lui faire connaître où je suis ! Mon Dieu, mon Dieu, conseillez-moi, inspirez-moi, mon Dieu ! (Grandier paraît au fond, pendant qu'Ursule prie. Tout à coup, Ursule tressaille.) Oh ! qu'est-ce que ceci ? Je suis tellement habituée au silence de cette solitude, mon oreille connaît si bien tous les bruits de l'eau dans les profondeurs de ces rochers, le bruit du vent sous ces voûtes... Ce n'est ni le murmure de l'eau, ni les plaintes du vent; c'est le pas de deux personnes... Deux personnes... oui !... Pourquoi donc deux personnes ?... Cette femme vient toujours seule ; d'ailleurs, elle sort d'ici ; pourquoi y rentrerait-elle ?... Mon Dieu ! pardonnez-moi, mais on dirait que c'est son pas à lui, on dirait que c'est son pas et celui de Daniel... Oh ! mon cœur, ne bats pas si fort, tu m'empêches d'entendre.

SCÈNE III

URSULE, dans l'*in-pace*; GRANDIER et DANIEL, de l'autre côté de la grille.

DANIEL.
Viens, mon frère, nous approchons.

GRANDIER.
Nous approchons, dis-tu ?

DANIEL.
Oui, tiens, là.

(Il montre du doigt.)

URSULE.

Oh! mon Dieu! mon Dieu!

GRANDIER.

Mais il y a une grille qui nous empêche d'arriver jusqu'à elle.

URSULE.

C'est sa voix! c'est sa voix!

DANIEL.

Attends!

GRANDIER.

Que fais-tu?

DANIEL.

Attends, te dis-je. (Il touche les barreaux de la grille les uns après les autres.) Secoue ce barreau, frère; il est rongé par la rouille, il cédera.

GRANDIER.

Celui-ci?

DANIEL.

Oui.

GRANDIER.

Mon Dieu! donnez-moi la force.

URSULE.

C'est lui! c'est Urbain! (Elle essaye de briser sa chaîne.) Urbain, c'est Ursule! Urbain, à moi, à moi! je suis ici!

GRANDIER, secouant le barreau.

Attends! attends! me voilà!

(Dans un violent effort, Ursule rompt sa chaîne et, en même temps, Grandier arrache le barreau; ils se précipitent dans les bras l'un de l'autre. Daniel s'assied, immobile.)

GRANDIER et DANIEL.

Ursule!

URSULE.

Grandier! Ah! je savais bien qu'il me trouverait.

GRANDIER, regardant sa robe.

Mon Dieu! mon Dieu! en la revoyant, j'avais tout oublié... Ursule, pardonnez-moi.

URSULE, tombant à genoux.

Votre bénédiction, mon père!

GRANDIER.

Oh! oui, soyez bénie, ange du ciel qui, pour moi, avez souffert comme une martyre! soyez bénie, vous que Dieu me défend d'aimer comme une amante, mais me permet d'aimer comme une sœur!

URSULE.

Hélas! hélas!

GRANDIER.

Ursule, ma sœur, ayez pitié de moi, aidez à mon courage au lieu de l'affaiblir. Ursule, l'important est d'abord de vous faire sortir d'ici. Où est la clef de cette grille?

URSULE.

Cette femme qui me tient prisonnière la porte éternellement à son cou, et vous ne parviendrez pas à la lui enlever.

GRANDIER.

Peut-être... (Appelant.) Daniel!

DANIEL, se levant et venant.

Me voilà!

URSULE.

Mon Dieu, qu'a-t-il donc? Je ne reconnais ni sa voix ni sa démarche; on dirait qu'il est mort.

GRANDIER.

Soyez sans inquiétude, Ursule... Daniel, cette femme qui était ici tout à l'heure, cette femme qui tient Ursule renfermée, est-ce la même que celle que tu as vue faisant ouvrir le tombeau?

DANIEL.

Oui, c'est la même.

GRANDIER.

La connais-tu?

DANIEL.

Oui, je la connais.

GRANDIER.

Comment se nomme-t-elle?

DANIEL.

Jeanne de Laubardemont!

GRANDIER.

Je m'en doutais! La clef de cette grille la quitte-t-elle quelquefois?

DANIEL.

Jamais!

GRANDIER.

Où la porte-t-elle?

DANIEL.

Ursule te l'a dit, à son cou.

GRANDIER.

Y a-t-il un moyen de la lui enlever?

DANIEL.

Celui auquel tu penses.

GRANDIER.

Tu crois donc que je réussirai?

DANIEL.

Avec l'aide de Dieu, oui!

GRANDIER.

Où la trouverai-je en ce moment?

DANIEL.

Dans le cloître, où elle donne une fête à ses religieuses.

GRANDIER.

Par où y pénétrerai-je?

DANIEL.

Ce chemin y conduit.

GRANDIER.

Ursule, avant une demi-heure, vous serez libre ou je serai mort.

URSULE.

Seigneur, Seigneur, que se passe-t-il donc? et ce que je vois de mes yeux est-il bien réel?

DANIEL.

Ne crains rien, ma sœur, Dieu est avec lui!

(Grandier repasse par l'ouverture et s'éloigne rapidement, en faisant signe à Ursule qu'il va revenir. Ursule le suit avidement des yeux, la tête passée à travers les barreaux de la grille.)

SEPTIÈME TABLEAU

Le cloître du couvent des Ursulines. — Le devant est dans la lumière : à travers les arcades, on voit les cyprès du jardin éclairés par la lune. A gauche, le cloître s'enfonce dans une profondeur infinie.

SCÈNE MUETTE

Au lever du rideau, deux Religieuses vêtues de blanc, et couvertes d'un long voile, traversent la scène. Nogaret entre et aperçoit deux Religieuses en costume mondain. Il fait signe à Baracé d'approcher; chacun d'eux prend le bras d'une Religieuse.

Jeanne de Laubardemont entre à son tour; les Seigneurs se rangent à son approche; elle s'assied sur un tombeau; alors, on lui apporte une harpe d'une forme antique.

BALLET

Le dernier pas est dansé par deux Espagnoles; c'est un boléro très-vif. Au moment où, dans une figure de la danse, les lèvres des deux femmes se touchent, un changement de musique annonce l'apparition de Grandier. Tout le monde s'enfuit. Jeanne veut aussi s'éloigner; mais elle demeure comme attachée aux marches du tombeau. Urbain s'approche d'elle avec un geste impérieux; elle détache la clef de son cou, et la donne à Urbain. Celui-ci s'éloigne lentement. Jeanne reste immobile.

ACTE TROISIÈME

HUITIÈME TABLEAU

La cellule d'Urbain Grandier.

SCÈNE PREMIÈRE

GRANDIER, entrant avec URSULE.

Ursule est cachée sous une robe de moine.

GRANDIER, de la porte.

Entrez, Ursule. Daniel, va chercher ma mère, sans lui dire pour quelle raison, et amène-la ici. Entrez, Ursule.

URSULE, s'asseyant.

Oh! je ne puis croire ni à votre présence, ni à ma liberté; il me semble que tout ce qui vient de se passer est un doux et beau rêve qui va s'évanouir au réveil.

GRANDIER.

Remerciez Dieu, Ursule! car votre délivrance est sinon un rêve, du moins un miracle; c'est Dieu qui m'a révélé votre existence cachée au reste du monde, c'est Dieu qui m'a conduit à votre cachot, et j'espère encore que c'est Dieu qui me permet de vous ramener ici !

(Il va à la Madone et tire les rideaux.)

URSULE.

Que faites-vous, Urbain?

GRANDIER.

Rien.

URSULE.

Oui, vous avez raison; c'est Dieu qui vous permet de me ramener ici; car, ici comme là-bas, je serai morte pour tout le monde, mais vivante pour le ciel et pour vous.

GRANDIER.

Prenez garde, Ursule, prenez garde de vous laisser reprendre à une espérance qui ne pourrait se réaliser.

URSULE.

Laquelle ?

GRANDIER.

Celle que je crois lire à travers vos paroles, celle que cet habit que vous venez de revêtir a fait naître, celle que votre entrée dans cette cellule a confirmée.

URSULE.

Urbain, mon ami, à peine réunis, votre intention est-elle de nous séparer déjà ?

GRANDIER.

Ursule, plus nous attendrons, plus la douleur sera grande.

URSULE.

Mais croyez-vous donc que cette femme puisse me réclamer, me poursuivre?

GRANDIER.

Non, je ne le crois pas; et, selon toute probabilité, elle gardera le silence, et sur ce qu'elle a fait, et sur ce que j'ai vu.

URSULE.

Est-ce que vous ne pouvez pas me faire recevoir comme novice, Urbain? est-ce que, cachée sous cette robe, je ne puis pas échapper aux regards de la communauté?

GRANDIER.

Tout cela est possible, Ursule; oui, vous pouvez demeurer ici cachée à tous les yeux, et la solitude du cloître est si profonde, que vous quitteriez la terre et retourneriez au ciel sans que la terre se doutât que vous lui avez été un instant rendue.

URSULE.

Eh bien, alors?

GRANDIER.

Mais où n'atteint pas l'œil de l'homme pénètre le regard de Dieu. Au fond de cette cellule, sous cette robe, si bien que vous vous cachiez, Dieu vous verra, Ursule!

URSULE.

Eh bien, que verra-t-il, Urbain? Deux êtres purs et aimants qui diront ses louanges dans la profonde reconnaissance de leur cœur; qui fondront leurs âmes dans la même prière, prière éternelle que le premier aura commencée et que le second achèvera; qui n'auront d'autre désir que celui de s'épurer l'un par l'autre, de laisser sur la terre ce qui appartient à la terre, et chaque instant verra croître une plume des ailes qui, un jour, devront nous porter jusqu'à Dieu.

GRANDIER.

Oui, Ursule, vous voyez cela ainsi, vous, parce que vous êtes un ange, parce que vos pieds ont à peine touché la fange de ce monde; n'ayant jamais failli, vous vous croyez infaillible; mais, moi, je vous aime au delà de ma volonté, au delà de ma puissance; je sens que mon âme se laisse brûler des flammes de mon corps... Oh! je vous le dis, il faut nous séparer.

URSULE.

Urbain, Urbain, si vous exigez que je vous quitte après m'avoir perdue et retrouvée ainsi, c'est que vous ne m'aimez pas.

GRANDIER.

Je ne vous aime pas, moi qui vous perds pour vous avoir trop aimée!... O mon Dieu! vous qui, depuis deux ans, entendez mes cris, voyez mes larmes, comptez mes gémissements... ô mon Dieu, mon Dieu! vous qui, je l'espère, me pardonnerez cet amour insensé, vous l'entendez, elle me dit que je ne l'aime pas!

URSULE, se levant.

Eh bien, soit! je me séparerai de toi, Urbain; je quitterai ce couvent, mais j'habiterai la ville; mais, ne pouvant plus te parler, je te verrai et t'entendrai, du moins; je t'entendrai quand, à l'église, tu parleras de charité, de religion, d'amour, d'une autre existence où l'âme de ceux qui ont souffert et ont été séparés dans ce monde auront été réunies et heureuses. Je te verrai quand tu passeras portant l'aumône aux pauvres, la consolation aux malades, la prière aux mourants, et toujours tu m'apparaîtras comme je veux te voir désormais, c'est-à-dire comme un céleste intermédiaire entre les hommes et Dieu.

GRANDIER.

Oui, tu me verras ainsi ; mais, moi qui n'ai ni ton cœur ni tes yeux, moi, je te verrai comme une femme ; dans cette église où je devrai être tout au Seigneur, je ne serai qu'à toi ; si l'on m'appelle, comme tu dis, pour porter aux pauvres l'aumône, aux malades la consolation, aux mourants la prière, au lieu d'aller droit à mon but sacré, je me détournerai de mon chemin pour passer dans celui où tu seras ; et, quand j'arriverai, regrettant de te quitter, oubliant le Créateur pour sa créature, j'arriverai trop tard, le pauvre aura eu faim et froid, le malade aura souffert, et le mourant sera mort ; et ce sont autant de voix qui m'accuseront devant le Seigneur, et ces voix seront si nombreuses, qu'au jour du jugement, le Seigneur me séparera, moi coupable de tant de fautes, de toi qui n'auras jamais failli.

URSULE.

Oh ! mon Dieu ! mon Dieu !

GRANDIER.

Non, mon Ursule, non, ne tentons pas Dieu ! Retourne à Sablé, dans ton château, près de ce charmant village de Rovère que ma mère et mon frère habiteront... Tu connais ma cellule ; moi, je connais ton château ; tu me verras au milieu de mes livres, de mes instruments de musique et de chimie, partageant mes heures entre la prière et le travail, et pensant à toi pendant que je travaille et que je prie ; je te verrai, toi, entre tes oiseaux et tes fleurs, tes oiseaux qui égayeront l'air, et tes fleurs qui le parfumeront ; je te verrai triste et rêveuse, et je me dirai : « Elle est triste, parce que je suis loin d'elle ; elle rêve, parce qu'elle pense à moi. » Puis, vois-tu, Ursule, je suis le plus vieux, et je dois mourir le premier ; une fois mort, Dieu, qui te défendait ma cellule, te recommandera mon tombeau. Je demanderai à partager la sépulture de mes pères. On me reconduira à Rovère ; ma mère ne sera plus; mon frère est un enfant, il courra le monde ou m'aura oublié; je n'aurai plus que toi, tu seras mon seul amour dans la mort comme tu l'as été dans la vie. Moi mort, Ursule, nous serons déjà réunis à moitié; toi morte, nous serons réunis tout à fait.

URSULE.

Qu'il soit donc fait selon ta volonté, et non selon la mienne, Urbain.

GRANDIER.

Voici Daniel et ma mère qui entrent au couvent, Ursule. Je vais tout leur dire, ou plutôt tout dire à ma mère.

URSULE.

Crois-tu donc que Daniel ne lui ait point tout raconté déjà?

GRANDIER.

Daniel ne sait rien, Ursule, Daniel ne peut donc rien raconter.

URSULE.

Mais ne m'a-t-il pas vue, ne m'a-t-il pas entendue? n'est-ce pas lui, enfin, qui t'a conduit vers moi?

GRANDIER.

Oui; mais il dormait quand il a fait cela, et, à son réveil, il a tout oublié.

URSULE.

Je ne comprends pas.

GRANDIER.

Entre dans ce cabinet, Ursule; les voilà qui s'approchent.

URSULE.

Il me semble que, si j'étais à ta place, ayant si peu de temps à nous, je ne voudrais pas me séparer de toi un instant.

GRANDIER.

Seras-tu séparée de moi par cette tapisserie, à travers laquelle tu pourras tout entendre, et je dirai presque tout voir?

URSULE, faisant un geste pour se jeter dans ses bras.

Oui, Grandier, oui, tu as raison d'exiger que je te quitte.

(Elle sort.)

SCÈNE II

DANIEL, GRANDIER

DANIEL, essoufflé.

Ah! me voilà!

GRANDIER.

Et ma mère?

DANIEL.

Pauvre femme! il ne faut pas lui en vouloir; elle vient avec ses jambes de cinquante ans, et, moi, je viens avec mes jambes de seize; et tiens, tu vois, elle n'est pas trop en retard, pauvre mère!... Bonne mère, viens, viens! le voilà, ton fils. (Regardant autour de lui.) Tiens, où est donc le petit moine?

SCÈNE III

DANIEL, GRANDIER, MADAME GRANDIER.

GRANDIER.

Ma mère!

MADAME GRANDIER.

Grandier! Grandier! je ne t'en veux pas d'avoir été près de deux sans me voir; j'ai été jeune, j'ai aimé, et je comprends.

GRANDIER.

O sainte femme, qui commence par le pardon! Merci! oh! je vais donc pouvoir te rendre, je l'espère, un peu de ce bonheur que je t'avais ôté.

MADAME GRANDIER.

Que veux-tu dire?

GRANDIER.

Daniel! veille à ce que l'on ne nous dérange pas.

DANIEL, bas.

Frère, où donc est le petit moine qui était avec toi quand tu m'as réveillé, et qui m'a serré la main, il me semble, quand tu m'as dit d'aller chercher notre mère?

GRANDIER.

Tu le reverras tout à l'heure; va, enfant, va.

DANIEL.

Est-ce que je serai bien longtemps de garde?

GRANDIER.

Non, sois tranquille.

DANIEL.

Bon !

(Il sort.)

SCÈNE IV

GRANDIER, MADAME GRANDIER.

MADAME GRANDIER.

Te trouves-tu donc mieux ici que dans ta chambre de Rovère ?

GRANDIER.

Ma mère, je suis venu chercher ici deux choses qu'on ne trouve nulle part ailleurs : la solitude et le silence; dans le silence, Dieu parle au cœur de l'homme; dans la solitude, l'homme parle au cœur de Dieu.

MADAME GRANDIER.

Et tu as parlé à Dieu, et Dieu t'a répondu ?

GRANDIER.

Oui, ma mère !

MADAME GRANDIER.

Et que lui as-tu demandé ?

GRANDIER.

La paix pour moi, le bonheur pour vous.

MADAME GRANDIER.

Et il t'a accordé la paix ?

GRANDIER.

Il m'a accordé tout ce que je lui demandais, ma mère.

MADAME GRANDIER.

Merci à Dieu, alors ! si tu es heureux, Grandier, qu'importe le reste ?

GRANDIER.

Je vous ai dit, ma mère, que Dieu m'avait accordé la paix pour moi, et j'espère qu'il m'a en même temps accordé le bonheur pour vous.

MADAME GRANDIER, secouant la tête.

J'avais deux enfants, Grandier !

GRANDIER.

Eh bien, si, au lieu d'un fils qu'il vous a pris, il vous rend une fille ?

MADAME GRANDIER.

Hélas! j'avais une fille aussi... et... elle est morte!

GRANDIER.

Ma mère, rappelez-vous cette sainte histoire de la fille de Jaïre, que vous m'avez si souvent racontée quand j'étais enfant. On la crut morte, n'est-ce pas? Son père lui-même, après l'avoir lavée avec des parfums, l'avait couchée dans le tombeau. Jésus passa, il vit les pleurs de ceux qui l'aimaient. Il la toucha du bout du doigt; et la fille de Jaïre étendit les bras vers son père, en disant : « Tu m'as appelée, mon père, me voici. »

MADAME GRANDIER.

Oui; mais il n'y avait que deux jours que la fille de Jaïre dormait dans sa tombe, et il y a deux ans que celle que nous pleurons est ensevelie dans la sienne.

GRANDIER.

Ma mère, vous ne doutez pas de la toute-puissance de Dieu, n'est-ce pas?

MADAME GRANDIER.

Que veux-tu dire, Grandier? est-ce d'Ursule de Sablé que tu parles?

GRANDIER.

Oui, ma mère.

MADAME GRANDIER.

Veux-tu dire que nous nous étions trompés? veux-tu dire qu'Ursule n'était pas morte?

GRANDIER.

Oui, ma mère.

MADAME GRANDIER.

Oh! impossible! Ne l'as-tu pas vue sur son lit funèbre? n'ai-je pas suivi son cercueil jusqu'à la porte du cimetière? n'a-t-elle pas été ensevelie dans le caveau de ses aïeux?

GRANDIER.

Oui, ma mère.

MADAME GRANDIER.

Eh bien, que dis-tu, alors?

GRANDIER.

Que Dieu est grand et qu'il a ressuscité la fille de Jaïre.

MADAME GRANDIER.

Ursule! Ursule!

SCÈNE V

Les Mêmes, URSULE.

URSULE.
Vous m'avez appelée, ma mère, et me voici !
MADAME GRANDIER.
La demoiselle de Sablé !
URSULE.
Oh ! je vous ai nommée ma mère !
MADAME GRANDIER.
Ma fille !
GRANDIER, à genoux, les bras au ciel.
Mon Dieu, vous m'avez béni au delà de mes mérites.

SCÈNE VI

Les Mêmes, DANIEL, rentrant.

DANIEL.
Mon frère ! mon frère ! des gardes, des exempts ! on te cherche, on te demande.
GRANDIER.
On me demande, on me cherche ! Et qui cela ?

SCÈNE VII

Les Mêmes, MIGNON, un Exempt, Gardes.

MIGNON.
Moi ! Voilà le coupable, messieurs.
GRANDIER.
Le coupable ?
MIGNON.
Faites votre devoir.
L'EXEMPT.
Au nom du roi, je vous arrête !
MADAME GRANDIER, DANIEL, URSULE.
On l'arrête, lui ! au nom du roi ?

5.

GRANDIER.

Messieurs, vous le savez, j'appartiens à un ordre religieux, et je ne relève que de la justice ecclésiastique.

MIGNON, à l'Exempt.

Lisez votre mandat, monsieur.

L'EXEMPT, lisant.

« Henri-Louis Chataignier de la Roche-Pozay, par la misération divine, évêque de Poitiers, vu les charges et informations rendues par l'archiprêtre de Loudun, avons ordonné et ordonnons qu'Urbain Grandier, accusé de désobéissance et de sacrilége par l'opposition qu'il a faite à la prise de voile de Bianca dei Albizzi, soit amené et conduit aux prisons de la ville, par le premier appariteur, prêtre ou clerc tonsuré, et d'abondant par le premier sergent royal auquel donnons pouvoir de faire ce mandement nonobstant opposition ou appellation quelconque. Donné à Dessai, le vingt-deuxième jour d'octobre 1632. Signé : HENRI-LOUIS, évêque de Poitiers. »

GRANDIER.

Il n'y a rien à dire, messieurs, et l'ordre est bien en règle.

L'EXEMPT.

Vous n'y faites aucune opposition, alors ?

GRANDIER.

Aucune.

URSULE.

Mon Dieu !

MADAME GRANDIER.

Mon fils !

DANIEL.

Mon frère !...

(Il se jette dans les bras d'Urbain.)

URSULE.

Grandier !...

L'EXEMPT, au Greffier.

Asseyez-vous et écrivez.

GRANDIER.

Rassurez-vous, ma mère ; rassure-toi, Daniel.

L'EXEMPT.

« Et le vingt-troisième jour d'octobre 1632, c'est-à-dire le jour suivant celui où le mandement a été rendu, nous, Louis Chauvet, sergent royal, nous nous sommes transporté en la cellule dudit Urbain Grandier, et avons procédé à son arrestation en présence de trois personnes qui se trouvaient dans sa cellule; la première de ces personnes étant...» (S'adressant à la mère de Grandier.) Vos noms, prénoms et qualité, madame.

MADAME GRANDIER.

Marie-Estève Grandier, sa mère, monsieur?

L'EXEMPT, répétant.

« Marie-Estève Grandier, sa mère; la seconde... » (S'adressant à Daniel.) Qui êtes-vous, et comment vous nommez-vous?

DANIEL.

Daniel Grandier, son frère.

L'EXEMPT, répétant.

« Daniel Grandier, son frère; et la troisième... » (A Ursule.) Approchez! (Ursule reste immobile.) Approchez donc!

GRANDIER.

Dites hardiment qui vous êtes, Ursule!

(Il la fait passer.)

TOUS.

Ursule!

MIGNON.

Une femme!

L'EXEMPT.

Approchez, et nommez-vous.

URSULE.

Je me nomme Ursule de Sablé, comtesse de Rovère. Du temps que Urbain Grandier vivait au monde, j'étais la fiancée d'Urbain Grandier.

TOUS.

Une femme!

MIGNON.

Une femme! une femme sous l'habit d'un religieux, une femme cachée dans la cellule d'un moine... Consignez le fait, monsieur l'exempt... Dites, dites qu'au moment où vous êtes venu pour arrêter ce misérable, une femme était cachée dans sa cellule.

GRANDIER, à Mignon.

Prenez garde, mon frère! vous vous laissez aller à la colère, et la colère est un des sept péchés mortels.

MIGNON, à l'Exempt.

Écrivez! écrivez!

L'EXEMPT.

Soyez tranquille, monsieur, toutes choses seront portées au procès-verbal.

URSULE.

Mais, messieurs, je suis ici depuis une heure à peine; mais cet habit, je le porte depuis ce soir seulement.

MADAME GRANDIER.

Messieurs!

DANIEL.

Messieurs!

MIGNON.

Mais attendez donc! je me rappelle être venu une fois dans cette cellule et avoir vu un portrait de la Vierge... (Regardant Ursule.) Cette ressemblance... (Tirant les rideaux.) Profanation sacrilége! ce païen a donné à la Vierge la ressemblance de sa maîtresse.

GRANDIER.

Pourquoi pas, si la Vierge qui est aux côtés de Dieu, là-haut, n'est pas plus sainte et plus pure que la vierge qui est à mes côtés, ici-bas?

MIGNON.

Écrivez! écrivez! Mais que faites-vous donc? vous n'écrivez plus?

L'EXEMPT.

Monsieur, j'ai été chargé d'arrêter le supérieur de ce couvent et non de l'interroger. Tout ce qui concerne l'arrestation est de mon ressort. J'ai fait mon office, le juge fera le sien. Emmenez l'accusé dans la prison de la ville, nous n'avons plus rien à faire ici.

GRANDIER.

Ma mère! mon frère! (Il les serre contre son cœur; mais à Ursule, qui lui tend les bras, il se contente de montrer le ciel.) Je vous suis, messieurs.

(Il sort.)

URSULE.

Urbain!

LES MOINES, s'écartant devant Ursule.

Une femme! une femme sous notre saint habit!

MIGNON.

Dites un démon, mes frères ! Ursule de Sablé, comtesse de Rovère, est morte et ensevelie depuis deux ans.

NEUVIÈME TABLEAU

La prison.

SCÈNE PREMIÈRE

GRANDIER, seul.

En prison !... Peu importe ce qu'il adviendra de moi ; mais elle, elle, qu'en ont-ils fait, et à qui puis-je la recommander qui ait quelque pouvoir ? Hélas ! si, moi absent, elle allait retomber aux mains de son ennemie !... Ma mère, Daniel, une vieille femme et un enfant, voilà ses seuls protecteurs.

SCÈNE II

GRANDIER, LE BAILLI, un Geôlier.

LE GEÔLIER.
Par ici, monsieur le bailli, entrez.

GRANDIER, joyeux.
Le bailli ! C'est vous qui me l'envoyez, mon Dieu ! vous qui êtes le véritable protecteur du pauvre et de l'opprimé, et que cependant j'oubliais.

LE GEÔLIER, passant le premier.
Tenez, le voilà !

LE BAILLI,
Laissez-moi avec lui, je veux l'interroger.

LE GEÔLIER.
Ah bien, alors, vous allez avoir de la besogne... Il paraît qu'il y en a long sur son compte.

GRANDIER, qui a entendu.
M'interroger ! Trouverai-je un adversaire là où je croyais

trouver un ami? (Le Geôlier sort.) M'interroger! vous venez pour m'interroger, monsieur le bailli, dites-vous?

SCÈNE III

LE BAILLI, GRANDIER.

LE BAILLI, très-haut.

Oui, monsieur, et j'espère que vous voudrez bien me répondre, (bas) maintenant surtout que ce drôle est parti.

GRANDIER.

Oh! je ne me trompais donc pas! c'est un ami qui vient à moi.

LE BAILLI, lui tendant les deux mains.

Eh! oui, mon cher Grandier, c'est un ami; mais parlons bas; car, ainsi que le disait votre geôlier tout à l'heure, vous n'êtes pas ici pour peu de chose, à ce qu'il paraît.

GRANDIER.

Je suis ici pour l'action que vous savez et que vous avez approuvée vous-même.

LE BAILLI.

Quelle action?

GRANDIER.

Pour mon opposition aux ordres de M. le cardinal de Richelieu dans cette prise de voile de la pauvre Bianca dei Albizzi.

LE BAILLI.

Ta ta ta ta ta! il est bien question de la prise de voile de Bianca dei Albizzi en ce moment!

GRANDIER.

Mais de quoi donc est-il question, alors?

LE BAILLI.

De choses qui suffiraient pour vous faire brûler dix fois, et moi une, mon cher Grandier, si l'on savait que je suis venu vous voir dans votre prison.

GRANDIER.

Me faire brûler dix fois!... Mais vous êtes fou, bailli!... Et quelles sont ces choses?

LE BAILLI.

Eh bien, c'est que la moitié du couvent est possédée, c'est que vous avez mis le diable au corps de toutes ces saintes filles par un pacte que vous avez fait avec Satan... Mignon et son acolyte Barré en ont déjà interrogé deux ou trois... qu'est-ce que je dis, interrogé? exorcisé, et les réponses ont été unanimes, à ce qu'il paraît; chacune a dit le nom du diable qu'elle avait dans le ventre et le nom du magicien qui l'y avait envoyé.

GRANDIER.

Est-ce messire Guillaume Cerisay la Guérinière, bailli du Loudenois, qui me parle, ou est-ce un enfant encore tout émerveillé des contes bleus de sa nourrice?

LE BAILLI.

Oui, c'est bien moi qui vous parle, et ce que je vous dis n'est point une folie, je vous le répète.

GRANDIER.

Et ces diables, envoyés par moi dans les corps des religieuses, sait-on comment ils s'appellent, au moins?

LE BAILLI.

Parbleu! la première chose qu'ils ont faite, en prenant possession du domicile, c'est de se nommer. Celui de la sœur Louise des Anges s'appelle *Béhérit*; celui de la sœur Catherine de la Présentation, *Cerbère*, et celui de sœur Élisabeth de la Croix, *Astaroth*.

GRANDIER.

Ai-je affaire à un homme sérieux, ou cet homme parle-t-il sérieusement?

LE BAILLI.

Cet homme vous parle les larmes aux yeux et l'effroi dans le cœur, mon cher Grandier.

GRANDIER.

Et ce magicien, cet enchanteur qui a fait le pacte, c'est moi?

LE BAILLI.

Parbleu! qui voulez-vous donc que cela soit?

GRANDIER.

Mais il y a trois siècles qu'on n'avait rêvé de pareilles sottises.

LE BAILLI.

Je vous demande pardon, mon cher ami, et le parlement d'Aix vient justement de brûler Gaufredi sur semblable accusation.

GRANDIER, allant s'asseoir.

Allons donc! on me connaît, l'on n'y croira pas.

LE BAILLI.

Vous savez l'axiome latin : *Credo quia absurdum*, je crois parce que c'est absurde. Je n'en connais pas de plus profond et surtout de plus vrai.

GRANDIER.

Vous croyez, vous... vous?

LE BAILLI.

Je ne vous dis pas : je crois; je dis : on croira.

GRANDIER.

Que m'importe ce que disent les sots ! que m'importe ce que croient les gens de mauvaise foi !

LE BAILLI.

Ce sont les sots qui déposeront contre vous, ce sont les gens de mauvaise foi qui vous jugeront.

GRANDIER.

Eh bien, soit !

LE BAILLI.

Comment, soit ?

GRANDIER.

Oui, peu importe ce que Dieu a décidé de moi, messire Guillaume, et bienheureux sera le jour où, par quelque moyen que ce soit, sa volonté me tirera de ce monde... Mais...

(Il soupire.)

LE BAILLI.

Mais quoi?

GRANDIER.

Mais il y a dans tout ceci une femme, une jeune fille, un ange...

LE BAILLI.

Ah ! oui, la femme au tableau, la femme au capuchon, la morte, n'est-ce pas ?

GRANDIER.

Il y a Ursule de Sablé, monsieur, sur laquelle, au nom du ciel, au nom de votre femme, au nom de vos enfants, sur laquelle je vous supplie de veiller comme vous veilleriez sur une de vos filles.

LE BAILLI.

Veiller sur elle?

GRANDIER.

Oui.

LE BAILLI.
Mais où voulez-vous que je la prenne?
GRANDIER.
Où elle est, où on l'a conduite.
LE BAILLI.
Qui le sait, puisqu'elle a disparu?
GRANDIER.
Ursule a disparu?... Elle sera retombée entre les mains de cette femme!
LE BAILLI.
Mon cher Grandier, pardonnez-moi, mais je crois que, eu égard à l'habit que vous portez, il y a beaucoup trop de femmes dans cette affaire... Voilà d'abord la demoiselle de Sablé, que l'on croyait morte, et qui est vivante; voilà la sœur Élisabeth, voilà la sœur Catherine, voilà la sœur Louise, que l'on croyait de saintes filles, et qui ont quoi? le diable au corps, rien que cela... Enfin, comme s'il n'y avait pas assez de femmes en jeu, voilà encore une autre femme, une femme inconnue qui vient prendre un rôle dans cette tragédie, car c'est une tragédie, je le soutiens, mon cher Grandier, et la preuve, la preuve, c'est que, si j'ai un conseil à vous donner, c'est de ne plus vous occuper de telle ou telle femme, mais de songer à vous, de gagner le large et de vous mettre en sûreté.
GRANDIER.
J'aurais envie de suivre votre conseil, bailli, que ce serait, il me semble chose difficile. Les corridors sont trop bien gardés, et à moins que, vous sacrifiant pour moi, il ne vous plaise de prendre ma robe et de me donner vos habits...
LE BAILLI.
Non pas, non, non!... mon dévouement ne va pas jusque-là... Diable! on me brûlerait à votre place, et, quoique frileux, mon amour pour le fagot s'arrête à une certaine distance du bûcher. Je veux bien vous sauver, mais je ne veux pas me perdre; je consens à me compromettre un peu, mais pas trop.
GRANDIER.
Pour si peu que vous soyez venu, monsieur le bailli, je vous suis reconnaissant, croyez-le bien.
LE BAILLI.
Je ne sais si je suis venu pour peu ou pour beaucoup,

mais je suis venu pour vous dire un secret que je crois connu de moi seul et qui peut être de quelque importance pour vous. Écoutez bien. Mon grand-père était architecte du Loudenois; ce fut lui qui bâtit les prisons de la ville. La chose se passait au commencement du règne du roi Charles IX. On mettait force huguenots dans ces prisons, et c'était tout simple, puisque c'était pour cela qu'on les avait bâties; mais ce qui était moins simple, c'est qu'on ne les faisait pas toujours sortir par le même chemin qu'ils avaient pris pour y entrer.

GRANDIER.

Oui, je comprends; certaines exécutions qui n'étaient point portées aux registres du tribunal se faisaient dans les cachots.

LE BAILLI.

Justement! il y avait donc, dans la plupart de ces prisons, des portes secrètes ignorées des prisonniers et par lesquelles entraient les exécuteurs.

GRANDIER.

Ou les assassins.

LE BAILLI.

Appelez-les comme vous voudrez, je ne vous contredirai point, Grandier; seulement, écoutez bien ceci, car c'est l'important. Comme le sénéchal qui faisait bâtir le monument était un homme de précaution, et que l'histoire d'Enguerrand de Marigny, qui fut pendu au gibet qu'il avait élevé, lui était souvent revenue à la mémoire, il disait à mon père : « Mon cher Cerisay, c'est nous qui emprisonnons les huguenots aujourd'hui, très-bien! mais il se peut que la chance tourne, et que, demain, ce soient les huguenots qui nous emprisonnent à notre tour; arrangeons-nous donc, dans ce cas, pour que la porte inconnue qui sert d'entrée puisse en même temps servir de sortie. » Or, tout fut fait selon les désirs du bon sénéchal. La porte qui s'ouvre en dehors, s'ouvre en dedans. Le tout est de connaître le secret; donc, si vous préférez, comme je n'en doute pas, une bonne fuite à une mauvaise attente...

GRANDIER.

Eh bien ?

LE BAILLI.

Eh bien, sondez les murs, mon cher ami; cherchez en haut,

cherchez en bas, appuyez le doigt sur toutes les aspérités, ne vous lassez pas; il n'y a plus probablement que vous et moi au monde qui sachions le secret de ces portes. Mon père est mort en me le disant; et, ma foi, moi, en attendant que je fasse comme lui, je vous le dis, à vous qui en avez grand besoin, à ce qu'il me semble...

GRANDIER.

Et vous croyez que mon cachot possède une de ces portes?

LE BAILLI.

Je ne vous en réponds pas, parce que je ne réponds jamais de rien, mais il y a tout lieu de parier. Le sénéchal avait eu l'heureuse pensée, pour inspirer des idées pieuses aux prisonniers, de faire sculpter, sur la muraille de chaque cachot, un des instruments qui ont joué un rôle dans la passion de Notre-Seigneur, tels que l'éponge, le fouet, les clous, la lance, les dés; vous êtes dans le cachot des dés, pourquoi n'aurait-il pas sa porte comme les autres?

GRANDIER.

Merci, bailli; mais fuir, ce serait donner gain de cause à mes persécuteurs. Je suis innocent, j'attendrai mon jugement avec tranquillité.

LE BAILLI.

Mais s'ils vous condamnent?

GRANDIER.

Ce sont les martyrs qui relèvent la foi.

LE BAILLI.

C'est bien! c'est bien! soyez martyr si c'est votre vocation; mais il me semblait que vous aviez parlé d'une jeune fille...

GRANDIER.

Oui, Ursule de Sablé.

LE BAILLI.

Je ne vous demande pas son nom, je n'ai pas la moindre envie de la connaître; seulement, vous avez dit qu'elle était retombée aux mains de certaine femme...

GRANDIER.

Eh bien?

LE BAILLI.

Eh bien, quand ça ne serait que pour la tirer de ces mains-là, moi, parole d'honneur, je chercherais le secret...

GRANDIER.

Oh! oui, vous avez raison, bailli, à l'instant même... (Regardant autour de lui.) Heureusement, cette lampe...

LE BAILLI.

Peste! laissez-moi donc sortir avant de trouver le secret, et surtout avant d'en user. Si, en revenant, le geôlier me trouvait seul, il pourrait bien, pour plus grande sûreté, me fourrer dans un autre cachot; et qui dit que celui-là aurait deux portes?

GRANDIER.

Oui, cher bailli, allez!

LE BAILLI.

Attendez donc, que diable! Tout à l'heure vous n'étiez pas assez pressé, et maintenant voilà que vous l'êtes trop. Je ne veux pas faire les choses à demi. Qui dit que, si vous parvenez à sortir d'ici, ce que Dieu veuille! qui dit que vous ne trouverez pas quelque résistance? Vous avez été soldat avant d'être moine, avez-vous quelque arme?

GRANDIER.

Aucune : l'arme de l'innocent, c'est son innocence.

LE BAILLI.

Oui, c'est une arme défensive, tout au plus, et je crois que, vu la gravité de la circonstance, une arme offensive... (Regardant autour de lui.) Prenez mon épée.

GRANDIER.

Merci, merci, bailli. Mais, s'il arrivait quelque malheur, et qu'on la reconnût?...

LE BAILLI.

Ce serait chose difficile. Je l'ai, pour la circonstance, tirée d'une armoire où elle était enfermée depuis trente ans peut-être; ce qui ne l'empêche point d'être bien en garde et proprement affilée. En tout cas, si vous avez l'occasion de vous en servir, ce qu'à Dieu ne plaise, comme deux précautions valent mieux qu'une, si, après vous en être servi, vous passez auprès de la rivière, laissez-la tomber dans la rivière. Je ne tiens pas à ce que vous me la rendiez.

GRANDIER.

Oh! mon ami, mon seul ami!

LE BAILLI.

Chut, donc! et cachez-moi cette épée quelque part. Je garde la gaîne, vous comprenez, pour relever le manteau;

en me voyant le fourreau au côté, on ne se doutera pas que la lame soit restée chez vous. Vous la cachez sous votre matelas ; seulement, il faudra faire attention, quand le geôlier fera votre lit.... Heureusement qu'il ne se donnera pas souvent cette peine. Adieu, maintenant! (Bas.) Et que le Seigneur vous garde!

GRANDIER.

Adieu! adieu!

LE BAILLI.

Dites-moi donc adieu de loin comme un homme de mauvaise humeur dit adieu. (Il va à la porte et frappe.) Holà! geôlier, holà!

LE GEÔLIER, au fond du corridor.

Attendez, monsieur le bailli, attendez..

GRANDIER.

A propos, quelle heure est-il?

LE BAILLI.

Oh! dix heures au moins. Je doute qu'à présent personne vienne vous déranger ; vous avez donc la nuit tout entière devant vous, et, au mois d'octobre, les nuits sont longues... Chut!

LE GEÔLIER, ouvrant la porte.

Me voilà, monsieur le bailli, me voilà! (Bas, regardant Grandier, qui est assis sur son lit.) Eh bien, qu'en dites-vous?

LE BAILLI.

Hum! hum!

LE GEÔLIER.

Comment! c'est si grave que cela?

LE BAILLI.

Hum!

LE GEÔLIER.

Ah! diable!

(Ils sortent.)

SCÈNE IV

GRANDIER, seul, suivant des yeux la porte qui se referme, et de l'oreille le bruit qui s'en va.

Oui, oui, il a raison, le bailli. Sauvons Ursule d'abord. Oh! quand je serai seul, quand je n'aurai plus à craindre que pour moi, je serai fort, et nous verrons. Dieu ne veut pas que le chrétien attaque, mais il permet à l'homme de se défendre. Mais Ursule d'abord, Ursule avant tout... Voyons, pour la sauver, il faut que ce cachot ait une porte secrète, et, en supposant qu'il en ait une, elle est en pierre comme le reste, et une longue recherche peut seule la faire découvrir. Ah! j'aurai patience, je chercherai tant, que je la découvrirai. (Écoutant.) Qu'est-ce que cela? Un bruit de pas encore... On s'approche de mon cachot, on s'arrête à la porte, j'entends la clef tourner dans la serrure. (Il souffle la lampe et cache son épée.) Qui vient ici?

SCÈNE V

GRANDIER, JEANNE, LE GEÔLIER.

JEANNE, au Geôlier.

Vous avez lu cet ordre?

LE GEÔLIER.

Oui, madame.

JEANNE.

Laissez-moi seule avec le prisonnier; seulement, à mon premier cri, à mon premier appel, accourez; il se pourrait que j'eusse besoin de secours. Allez.

(Le Geôlier sort.)

SCÈNE VI

GRANDIER, JEANNE.

GRANDIER.

Quelle est cette femme? (S'approchant.) Jeanne!

JEANNE.

Oui, Jeanne de Laubardemont.

GRANDIER.

Que venez-vous faire ici, madame?

JEANNE.

Je viens te proposer un pacte, Grandier.

GRANDIER.

Vous savez bien qu'il n'y a point de pacte possible entre vous et moi. Un pacte, c'est bon entre complices.

JEANNE.

La paix alors. Nous sommes ennemis, et des ennemis font la paix.

GRANDIER.

Avant qu'une paix fût possible entre nous, il faudrait me dire quelle est cette femme inconnue qui est venue enlever, pendant la nuit, la morte vivante au tombeau de ses pères, pour l'enfermer dans le tombeau d'où je l'ai tirée.

JEANNE.

C'est moi !

GRANDIER.

Il faudrait me dire enfin quelle est l'accusatrice qui, prévenant l'accusation que je pouvais porter, m'a fait arrêter ce matin, sous prétexte de désobéissance aux ordres du cardinal de Richelieu.

JEANNE.

C'est moi !

GRANDIER.

Vous avouez donc ?

JEANNE.

Pourquoi pas? Tu es seul, et, à tes yeux, je ne veux point me faire autre que je ne suis.

GRANDIER.

Et quels sentiments peuvent être chez vous le mobile de pareilles actions? Dites !

JEANNE.

Deux sentiments opposés, et qui cependant ont une même source, l'amour, la haine. Je t'aime et je la hais.

GRANDIER.

Prenez-y garde, madame! cette haine et cet amour sont deux mauvais conseillers.

JEANNE.

Tu crois ?

GRANDIER.

Deux démons furieux qui vous mènent à l'abîme.

JEANNE.

Explique-moi cela, Grandier.

(Elle s'assied.)

GRANDIER.

Oui, si longtemps que vous me teniez enfermé dans ce cachot, il en faudra bien venir un jour à un interrogatoire public.

JEANNE.

Demain, tu seras interrogé publiquement dans l'église Saint-Pierre.

GRANDIER.

Alors, dites-moi, ne tremblez-vous pas que je ne parle?

JEANNE.

Que diras-tu? Voyons!

GRANDIER.

Je dirai qu'au risque de l'empoisonner, vous avez fait prendre un narcotique à une femme; je dirai que vous l'avez enlevée à sa tombe, pour l'enfermer dans une prison pire que la tombe; je dirai enfin, que, par un miracle de Dieu, je l'ai tirée de cette prison, où, sans moi, elle allait mourir de froid, de misère et de désespoir; voilà ce que je dirai.

JEANNE.

Et moi, je répondrai que, comme tu es un homme du peuple, Grandier, et qu'Ursule de Sablé était une fille de noblesse, tu lui as donné, non pas un narcotique pour la faire dormir, mais un philtre pour te faire aimer. Je répondrai que, pendant son sommeil, tu l'as fait passer pour morte, que tu l'as fait ensevelir dans un tombeau et que tu t'es enseveli dans un cloître; mais que tout était simulé, mort de la maîtresse, vœux de l'amant. Je répondrai que tu l'as tirée la nuit de sa tombe, pour la conduire dans ton couvent; que tu as fait, de l'habit religieux, un déguisement sacrilège, de la cellule du prieur, le boudoir d'un débauché, et j'ajouterai que la preuve de ce que je dis, c'est que l'exempt qui est venu pour t'arrêter comme coupable de résistance aux ordres du cardinal, a trouvé dans ta cellule, cachée sous la robe d'un moine, cette Ursule de Sablé que l'on croyait morte.

GRANDIER.

Ah! mais vous oubliez que cette arme dont vous vous servez contre moi, je puis la retourner contre vous; vous oubliez ces nuits de fête et d'orgie auxquelles des bruits d'apparition servaient de sauve-garde; vous oubliez qu'hier je vous ai surprises, vous et vos religieuses, revêtues d'habits mondains; les filles du Seigneur donnaient, dans un cloître, à la face des étoiles, un bal à d'élégants et mystérieux cavaliers; vous oubliez, enfin, qu'il ne vous est resté de force et de mouvement que pour me remettre, sur mon ordre, cette précieuse clef qui ouvrait le cachot de votre prisonnière; car vous étiez restée immobile, changée en statue, en m'apercevant, moi, l'homme de Dieu, égaré au milieu de cette nocturnale infâme!

JEANNE.

Que prouve ce que tu viens de dire? C'est que Grandier est un habile magicien, comme le disent les instruments d'alchimie et les livres de cabale trouvés dans sa cellule; c'est que Grandier a fait un pacte avec Satan, et que, grâce à ce pacte, les cœurs les plus saints lui appartiennent, les âmes les plus pures lui sont soumises; c'est qu'un jour, il s'est lassé de n'avoir qu'une maîtresse comme un roi, et qu'il lui a fallu tout un harem comme à un sultan. Tu le vois, Grandier, bien loin de nier, nous avouerons; seulement, nos aveux seront des accusations mortelles à ta vie et à ton honneur.

GRANDIER.

Alors, je prierai Dieu d'illuminer mon juge. Dieu, qui a déjà fait un miracle en ma faveur, ne m'abandonnera pas au milieu du chemin.

JEANNE.

Cette fois encore, tu te trompes, Grandier. Dieu ne fera point un miracle en ta faveur, Dieu n'illuminera point ton juge, car ton juge, ton juge sera Jacques de Laubardemont.

GRANDIER.

Ton père?

JEANNE.

Mon père!

GRANDIER.

Oh! s'il en est ainsi...

JEANNE.

Eh bien?

GRANDIER.

Prends garde!

JEANNE.

A quoi?

GRANDIER.

Je te dis de prendre garde, entends-tu? car Dieu pourrait bien m'avoir envoyé le juge pour que le juge fût jugé.

JEANNE, se levant.

Tu es insensé, Grandier.

GRANDIER, revenant à lui.

C'est vrai !

JEANNE.

Ah ! tu t'avoues vaincu ?

GRANDIER.

Oui.

JEANNE.

Veux-tu la paix, Grandier?

GRANDIER.

A quelles conditions ?

JEANNE.

Grandier, je t'aime !

GRANDIER.

En revêtant cet habit, j'ai dit adieu à tous les amours?

JEANNE.

Excepté à ton amour pour Ursule.

GRANDIER.

Cet amour était en moi, et s'est transformé avec moi ; la passion terrestre s'est faite amour divin ; j'aime Ursule comme j'aime ma sœur, comme j'aime ma mère, comme j'aime la Vierge sainte que j'ai adorée deux ans sous ses traits. Si Ursule est libre, si Ursule est en sûreté, que l'on mette un monde entre Ursule et moi, j'y consens ; il n'y a pas d'espace pour les esprits, il n'y a pas de distance pour les âmes.

JEANNE.

Une chose va t'étonner, Grandier, c'est que je te crois, car je tiens cet aveu de la bouche même d'Ursule. Ursule voulait demeurer près de toi, et c'est toi qui l'as éloignée ; mais, si tu l'as éloignée, si tu as eu cette puissance sur toi-même, c'est que tu l'aimais, n'est-ce pas ? c'est que tu craignais de faillir, n'est-ce pas ? Eh bien, moi que tu hais, moi près de qui tu seras sûr de demeurer fort, moi que tu refuses de prendre en amour, prends-moi en pitié. Écoute, tout dépend, pour la femme surtout, du premier pas qu'elle fait dans la vie ; si elle se trompe, l'erreur la pousse à l'infortune, l'infortune au désespoir, le désespoir au crime, le crime à l'impiété... Grandier, autrefois, tu m'as vue malheureuse ; plus tard, tu m'as vue désespérée ; aujourd'hui, tu me vois criminelle... Demain, demain... Dieu sait ce que je serai demain...

Grandier, retiens-moi avant que j'arrive au sommet de la montagne horrible. Grandier arrête-moi avant que je me précipite. Oui, je le reconnais, ta parole est sainte et vient de Dieu. Grandier, ne me refuse pas, à moi, parce que je t'aime, ce que tu accorderais à la dernière femme qui viendrait au tribunal de la pénitence te demander ton appui. Vois, Grandier, vois, quel triomphe, si tu ramènes à Dieu cette âme égarée, si, de la criminelle endurcie, tu fais une pécheresse repentante, si, de la lionne orgueilleuse, tu fais une brebis soumise. La paix, Grandier, la paix !

GRANDIER.

Eh bien, oui, la paix, mais à une condition, madame.

JEANNE.

Laquelle ?

GRANDIER.

C'est que la même ville ne nous enfermera pas tous les deux, c'est que je quitterai Loudun ou que vous le quitterez.

JEANNE.

Oh ! non, non, non, Grandier ! Grandier, je veux te voir, j'ai besoin de te voir, je ne puis pas vivre sans te voir !

GRANDIER.

Oh ! Jeanne ! Jeanne ! vous le voyez bien...

JEANNE.

Quoi ?

GRANDIER.

Vous ne voulez pas que je vous sauve, vous voulez me perdre avec vous.

JEANNE.

Eh bien, oui, l'enfer, mais avec toi, Grandier ; tu as raison, ce n'est point la paix que je t'offre, c'est ton amour que je veux.

GRANDIER.

J'ai fait un serment sur l'autel.

JEANNE.

Tu me repousses ? Prends garde, Urbain ! j'ai un otage, un otage chéri, adoré : Ursule est entre mes mains, prends garde ! la première fois, je lui ai pris sa liberté ; la seconde...

GRANDIER.

Oh ! tu n'oserais toucher à sa vie, j'espère ?

JEANNE.

Pourquoi pas ?

GRANDIER.

A l'instant même, j'appelle et je t'accuse.

JEANNE.

Qui donc a intérêt à ce qu'Ursule cesse de vivre? Celui qu'elle peut accuser, ce me semble. D'abord, elle est en mon pouvoir. Tu ignores où elle est, je suis libre et tu es prisonnier... Ah! tu te tais! le démon te conseille sans doute. Eh bien, quand même tu me ferais ce suprême bonheur de m'étouffer ici de tes mains, moi qui n'ai plus rien à attendre sur la terre, où tu dédaignes mon amour, oh! tu n'y gagnerais rien pour toi, Grandier! tu n'y gagnerais rien pour elle, car j'ai tout prévu avant de descendre ici, et l'ordre est donné de tuer Ursule, si, à minuit, ceux qui la tiennent prisonnière ne m'ont pas vue revenir. Maintenant; espères-tu encore? menaces-tu encore? veux-tu lutter encore?... Ne te gêne pas, appelle, Grandier, appelle!

GRANDIER.

Jeanne, vous vous trompez, j'ai un moyen de sauver Ursule.

JEANNE.

Toi?... toi?...

(Elle rit.)

GRANDIER.

Oubliez-vous que Dieu a dit au méchant : « Le mal que tu médites viendra t'accabler, et tes violences retomberont sur ta tête? »

JEANNE.

Tu prêches, Urbain, tu prêches!

GRANDIER.

Oubliez-vous que Dieu a dit au juste : « J'armerai ton cœur d'une force mystérieuse, j'armerai ton esprit d'une puissance inconnue? Ceux que tu regarderas pâliront d'effroi, ceux que tu toucheras ramperont jusqu'à terre. »

JEANNE.

Grand Dieu!

GRANDIER.

« Faites la guerre au méchant! a dit le Seigneur; frappez-le dans l'effusion du mépris et de la colère, avec une main étendue, avec un bras inflexible et tout-puissant. »

JEANNE, criant.

A moi!... à moi!...

GRANDIER.

Jeanne! dormez...

JEANNE.

A... à... à... moi!

SCÈNE VII

Les Mêmes, le Geôlier, ouvrant la porte.

LE GEÔLIER.

Me voilà, madame; vous m'appelez?

GRANDIER.

Renvoyez cet homme!

JEANNE.

Non! non!

GRANDIER.

Je le veux!

JEANNE, obéissant malgré elle.

Laissez-nous!

LE GEÔLIER, refermant la porte.

Je m'étais trompé, à ce qu'il paraît.

SCÈNE VIII

JEANNE, GRANDIER.

GRANDIER.

Où est Ursule?

JEANNE.

Je ne te le dirai pas.

GRANDIER.

Dites où est Ursule... Je le veux!

JEANNE, se débattant.

Oh! oh! oh!

GRANDIER.

Dites!

JEANNE.

Elle est dans le bois de l'île Bouchard, entre la chapelle des Buis et le carrefour des Ormes.

GRANDIER.

Où l'attendent les assassins, à minuit?

6.

JEANNE.

Au rocher de Sainte-Maure.

GRANDIER.

Bien! Maintenant, il y a dans ce cachot une porte secrète; cherchez-la.

JEANNE.

Non, non, non!

GRANDIER.

Cherchez-la, et dites-moi où elle est : je le veux!

JEANNE, marchant à reculons.

A moi!... à moi!...

GRANDIER.

Le secret! le secret! le secret! (Jeanne appuie le doigt sur le point noir qui fait le milieu du n° 5 des deux dés sculptés sur le mur, la porte s'ouvre.) Oh! la porte! la porte! (Il court à son épée et dit à Jeanne.) Et maintenant, asseyez-vous et attendez-moi.

(Jeanne obéit. Il sort précipitamment.)

JEANNE, grinçant des dents.

Ah!...

ACTE QUATRIÈME

DIXIÈME TABLEAU

Le bois de l'île Bouchard. — Effet de neige.

SCÈNE PREMIÈRE

GRANDIER, seul, entrant vivement.

Me voici au bois de l'île Bouchard, me voici au rocher de Sainte-Maure; je suis venu à travers la forêt sans suivre de route tracée. N'importe, voilà bien le carrefour des Ormes, là-bas, et je suis passé près de la chapelle du Buis; c'est bien ici qu'elle a dit qu'on l'attendait; il doit être minuit moins quelques minutes... Onze heures et demie sonnaient à Richelieu, comme je franchissais la lisière du bois... Oh! si elle m'avait trompé ou si elle s'était trompée elle-même! si pendant que j'attends ici, Ursule... N'ai-je pas vu quelque chose se mouvoir là-bas entre les arbres?... Non, rien. Par bonheur, cette nuit est claire comme un crépuscule... O mon Dieu, merci de ces miracles que vous faites en ma faveur!... Quel est ce bruit?... Je me trompais, c'est la plainte de quelque branche qui plie et se brise sous le poids de la neige... Oh! cette fois... Non, c'est le vent... Si j'appelais, si j'appelais Ursule, peut-être entendrait-elle ma voix, et me répondrait-elle; oui, mais peut-être aussi mes cris donneraient-ils l'éveil à ses assassins. Silence!... oh! oui, silence!... J'ai bien entendu, c'est le claquement d'un fouet, c'est le bruit des grelots; quelque coche qui court la poste... Il vient de ce côté... Oh! si c'était elle qu'on m'enlevât... Nous verrons bien!

SCÈNE II

GRANDIER, LE POSTILLON, à cheval; MAURIZIO et BIANCA,
dans la voiture.

LE POSTILLON, arrêtant les chevaux.

Oh! oooh!...

MAURIZIO, à la portière.

Qu'y a-t-il? et pourquoi t'arrêtes-tu?

LE POSTILLON.

Dites donc, est-ce que vous ne voyez pas, là-bas?

MAURIZIO.

Quoi?

LE POSTILLON.

On dirait qu'il y a comme un homme, ou plutôt comme un fantôme au milieu du chemin.

MAURIZIO.

Qu'importe! homme ou fantôme, avance.

LE POSTILLON.

Je vous ai dit, en sortant de la ville, qu'il me semblait que nous étions suivis.

MAURIZIO.

Si nous sommes suivis, raison de plus pour aller vite; avance, avance

LE POSTILLON.

C'est que mes chevaux ont peur.

MAURIZIO.

C'est toi qui as peur, misérable, et non tes chevaux... Avance, ou je te casse la tête d'un coup de pistolet.

LE POSTILLON.

Allons, puisque vous le voulez.

(Il se remet en route.)

GRANDIER.

Arrête, et descends!

LE POSTILLON.

Eh! je vous le disais bien.

GRANDIER.

Y a-t-il une femme dans cette voiture?

BIANCA.

Oui! oui! oui!

MAURIZIO, ouvrant la portière.

Qui es-tu? que me veux-tu?

GRANDIER.

Je demande s'il y a une femme dans cette voiture?

BIANCA.

Qui que vous soyez, à l'aide! au secours! on m'emmène malgré moi, on m'entraîne de force, on me fait violence.

GRANDIER.

Ce n'est point sa voix; mais qu'importe! c'est toujours une opprimée qui demande secours. Dieu ne m'aurait pas envoyé sur sa route s'il ne voulait pas que je la secourusse.

MAURIZIO, l'épée à la main.

Qui es-tu? que veux-tu? C'est la seconde fois que je le demande... Homme ou spectre, réponds!

GRANDIER.

Maurizio dei Albizzi!

MAURIZIO.

Urbain Grandier!... Je te croyais en prison, magicien

GRANDIER.

Non, non, je suis libre! libre pour empêcher les mauvais desseins, et cependant...

MAURIZIO.

Ah! Grandier, tu vas tout me payer en une seule fois.

BIANCA.

Grandier!... c'est Grandier!

MAURIZIO.

En garde!

GRANDIER.

Seigneur Maurizio, ce n'est pas à vous que j'en veux.

BIANCA.

Grandier, mon protecteur, mon ami, vous qui m'avez déjà sauvée deux fois, ne m'abandonnez pas; on m'enlève à mon fiancé. A moi! à moi!

GRANDIER.

Seigneur Maurizio, c'est la volonté du Seigneur que ceux qui s'aiment soient unis. Rendez cette jeune fille à son époux et passez votre chemin.

MAURIZIO.

Je t'ai déjà dit de te mettre en garde.

GRANDIER.

Seigneur Maurizio, je ne suis plus un soldat querelleur, je suis un pauvre moine; ne me forcez pas de me servir contre vous d'une arme que je n'avais pas prise contre vous.

MAURIZIO.

Ah! tu étais moins humble que cela dans l'église Saint-Pierre, misérable! En garde, une dernière fois, en garde!

(Il le menace de son épée.)

GRANDIER.

Bianca! devant Dieu, me prenez-vous pour votre protecteur?

BIANCA.

Oui! devant Dieu, oui!

(Elle tombe à genoux.)

GRANDIER.

Alors, priez pour cet homme, il est mort!

(Les épées se croisent, Maurizio est blessé.)

BIANCA.

Grand Dieu!

GRANDIER.

Oh! maintenant, à Ursule!

BIANCA.

Ne me quittez pas!

(Minuit sonne dans le lointain.)

GRANDIER.

Minuit!

URSULE, en dehors.

A l'aide ! au secours !

GRANDIER.

La voix d'Ursule !... Me voilà, Ursule, me voilà !

OLIVIER, BARACÉ et NOGARET, en dehors.

Ah ! misérables ! ah ! bandits ! A mort ! à mort !

(Cliquetis d'épées, coups de pistolet.)

GRANDIER.

Ursule ! Ursule !

(Les Seigneurs poursuivent trois Bandits qui fuient.)

SCÈNE III

Les Mêmes, URSULE, OLIVIER, NOGARET, BARACÉ.

URSULE.

Urbain !... C'est toi, libre, libre quand je te croyais prisonnier... O miracle !

OLIVIER, en dehors.

Misérables !

GRANDIER.

Par ici, monsieur de Sourdis, par ici !

URSULE.

Il m'a sauvé, Urbain ; des hommes m'entraînaient du côté de ce rocher, où, disaient-ils, quelqu'un m'attendait ; ils allaient m'assassiner sans doute... (Apercevant Bianca.) Une femme !

GRANDIER, à Olivier, qui entre.

Monsieur de Sourdis, tandis que vous sauviez Ursule, je sauvais Bianca ; vous le voyez, nous sommes quittes.

OLIVIER.

Mon ami !... Oh ! quel est ce cadavre, Bianca ?

BIANCA.

Hélas !

OLIVIER.

Maurizio !

GRANDIER.

Dieu m'a fait coupable, monsieur de Sourdis, pour que vous restiez innocent ; si vous aviez tué le frère, vous ne pouviez plus épouser la sœur.

OLIVIER.

Grandier! mon ami, que puis-je faire pour toi?

GRANDIER.

Je vous recommande Ursule, monsieur; qu'elle soit l'amie de Bianca!

OLIVIER.

Oh! sa sœur! la mienne! sur ma vie, Grandier, sur ma vie!

URSULE.

Mais vous, vous, Urbain, que devenez-vous?

GRANDIER.

Ursule, j'ai un compte à rendre aux hommes et à Dieu.

URSULE.

Urbain! Urbain!

GRANDIER.

Adieu, Ursule; nous ne nous reverrons plus maintenant que là-haut, et bien heureux sera le premier qui ira y attendre l'autre!

(Il sort, et, en passant, il jette son épée dans la rivière.)

SCÈNE IV

Les Mêmes, hors GRANDIER.

OLIVIER.

Allons! allons!

BIANCA, montrant Maurizio.

Cet homme était mon frère, Olivier.

NOGARET.

Ah! il n'est que blessé!

OLIVIER.

Partons! partons! il vous reprendrait encore!

SCÈNE V

BARACÉ, NOGARET, MAURIZIO.

BARACÉ.

Voilà qu'il revient à lui.

MAURIZIO.

Ah!

NOGARET.

Monsieur, disposez de nous.

BARACÉ.

Nous sommes à vos ordres, monsieur.

MAURIZIO.

Alors, rapportez-moi à la ville, et tâchez que je ne meure pas avant d'y arriver.

NOGARET.

Oh! oh! vous avez donc quelque chose de bien pressé à y faire, à la ville?

MAURIZIO.

Oui, j'ai à me venger!

(On l'emporte vers la voiture.)

ONZIÈME TABLEAU

L'église Saint-Pierre. — L'église est convertie en tribunal. — Au fond, sur une estrade, sont les Juges ecclésiastiques. A gauche est Grandier sur une estrade élevée de deux marches seulement. Au fond et à droite, les Assistants.

SCÈNE PREMIÈRE

GRANDIER, MIGNON, LE BAILLI, LES JUGES, LES EXORCISTES, LES ASSISTANTS, puis L'ABBÉ GRILLAU.

MIGNON.

Faites retirer la sœur Louise des Anges, la sœur Catherine de la Présentation et la sœur Élisabeth de la Croix. La séance est suspendue pour donner quelque repos aux exorcistes.

LE BAILLI, à part.

Le fait est qu'ils doivent être fatigués, depuis cinq heures qu'ils jouent leur comédie.

GRILLAU, au fond.

Laissez-moi passer, laissez-moi passer; c'est mon enfant, je vous dis.

GRANDIER, aux Juges ecclésiastiques.

Mes frères, vous m'avez reproché de ne pas avoir pris le confesseur que vous vouliez me donner; je vous ai dit que j'en attendais un dans la piété et dans les lumières duquel j'avais toute confiance; le saint homme que j'attendais, le voilà, mes frères; je vous adjure de le laisser venir jusqu'à moi.

LA FOULE.

Oui, oui, c'est juste; vous avez le droit de le condamner, mais vous n'avez pas le droit de lui refuser un confesseur.

MIGNON.

C'est bien, nous lui accordons encore cela; nous voulons être indulgent jusqu'au bout.

GRANDIER, souriant.

Merci, mon frère!

SCÈNE II

Les Mêmes, GRILLAU, dans les bras de Grandier.

GRILLAU.

Grandier, mon enfant!

(Pendant toute cette scène, chacun quitte sa place et cause, comme cela pratique quand une audience est suspendue. Mignon est au milieu groupe et gesticule. Les Moines et les autres Juges ecclésiastiques semble faire tous leurs efforts pour prouver que Grandier est coupable.)

VOIX, dans la foule.

C'est égal, ils n'ont pas voulu le confronter avec la supérieure.

UN ÉCOLIER.

Dites donc, elle n'est pas forte en latin, la sœur Louise des Anges, elle a pris *quotiès* pour *quandò*.

UN AUTRE.

Oui; mais comme la sœur Catherine a bien dit: *Adoro Jesus-Christus*, hein! Il paraît que le diable a horreur de l'accusatif.

UN AUTRE.

Ce n'est pas comme Mignon.

(Ils rient.)

GRANDIER, à l'Abbé.

Oh! je savais bien que vous viendriez.

GRILLAU.

J'ai reçu une lettre de Daniel et je suis accouru.

GRANDIER.

Où est-il, Daniel?

GRILLAU.

Je l'ai aperçu au milieu d'un groupe d'écoliers; il m'avait l'air de mener une émeute en ta faveur.

GRANDIER.

Pauvre enfant! Et ma mère?

GRILLAU.

Je l'ai rencontrée en arrivant, sur la route.

GRANDIER.

Que fait-elle là?...

GRILLAU.

Elle attend M. de Laubardemont.

GRANDIER.

Ma mère, une sainte femme comme elle, demander pour moi quelque chose à cet infâme?

GRILLAU.

Eh! mon Dieu, elle est mère, et, pour son fils, elle prierait Satan.

GRANDIER.

Oui, on m'avait, en effet, prévenu qu'il allait venir. Où était-il donc, qu'il arrive si vite?

GRILLAU.

Il était à Tours, et il vient présider ton procès.

GRANDIER.

Dites qu'il vient prononcer mon jugement, mon père.

GRILLAU.

Oh! que dis-tu là!...

GRANDIER.

Peut-être me trompé-je. Tant mieux pour lui.

GRILLAU.

Tant mieux pour lui?

GRANDIER.

Ils ont tant fait souffrir le moine, que le soldat est revenu. Qu'ils prennent garde! je réglerai mon esprit sur son esprit, et, selon qu'il sera juste, lui, je serai miséricordieux, moi.

GRILLAU.

Je ne te comprends pas, Grandier.

GRANDIER.

Vous savez que parfois je parle pour moi seul et pour Dieu.

GRILLAU.

Et Dieu te parle aussi, à toi, mon fils; car ta mère m'a tout dit, et c'est Dieu seul qui a pu te révéler l'existence d'Ursule.

GRANDIER.

Oui, pour la sauver une première fois, Dieu m'a parlé; mais, pour la sauver une seconde fois, cette nuit... Mon père, priez pour votre fils ! votre fils a du sang à ses mains.

GRILLAU.

Hein ? que dis-tu là ?

(Bruit dans la foule.)

GRANDIER.

Silence, mon père ! je crois qu'il se passe là-bas quelque chose d'extraordinaire.

UN HUISSIER, annonçant.

Messire Jacques de Laubardemont, commissaire extraordinaire de Sa Majesté Louis XIII.

LA FOULE.

Ah ! c'est lui, c'est Laubardemont, c'est le juge du roi ! — Oui, et le bourreau du cardinal.

L'HUISSIER.

Place à messire de Laubardemont ! place !

SCÈNE III

Les Mêmes, LAUBARDEMONT.

LAUBARDEMONT.

Salut, mes pères. Bonjour, messieurs. Huissier, lisez la commission de Sa Majesté, afin que personne n'ignore de mon pouvoir.

LA FOULE.

En voilà un beau juge ! c'est le père de la supérieure du couvent des Ursulines. — Bon ! c'est la fille qui accuse et le père qui juge.

L'HUISSIER, au pied de l'estrade.

Silence, messieurs! (Lisant.) « Le sieur de Laubardemont, conseiller du roi en ses conseils d'État, se rendra immédiatement à Loudun pour informer diligemment contre Grandier sur tous les faits dont il a été ci-devant accusé et autres qui lui seront de nouveau mis à sus, touchant la possession des religieuses des Ursulines de Loudun et autres personnes que l'on dit être aussi possédées et tourmentées des démons par les maléfices dudit Grandier; décréter faire et parfaire son procès sans avoir égard au renvoi qui pourrait être demandé par lui. En notre palais d'Amboise, ce 5 décembre 1663. *Signé :* Louis. »

LAUBARDEMONT.

Où est l'accusé?

GRANDIER.

Me voilà, messire.

(Les deux hommes se regardent.)

LAUBARDEMONT.

Vos noms?

GRANDIER.

Urbain Grandier.

LAUBARDEMONT.

Votre âge?

GRANDIER.

Trente-cinq ans.

LAUBARDEMONT.

Votre qualité?

GRANDIER.

Supérieur des frères de la Merci de Loudun.

LAUBARDEMONT.

Vous êtes accusé d'avoir, par magie et sortiléges, et en vertu de pactes passés avec le démon, livré à l'ennemi du genre humain la supérieure du couvent des Ursulines et plusieurs de ses religieuses.

GRANDIER.

Je suis accusé de ce crime, c'est vrai; mais, avec l'aide de Dieu, j'espère triompher de l'accusation.

LAUBARDEMONT.

Soit; mais, jusqu'à présent du moins, les apparences sont contre vous.

GRANDIER.
Notre-Seigneur a dit : « Ne croyez pas aux apparences. »
LAUBARDEMONT.
Nous allons examiner les faits.
GRANDIER.
Je suis prêt à les réfuter.
LAUBARDEMONT.
Quatre pactes ont été trouvés chez les religieuses.
GRANDIER.
Je nie qu'ils y soient de mon fait ou de ma participation.
MIGNON.
Il est bien facile de nier.
LAUBARDEMONT.
Les voici revêtus de votre signature et de celle de Satan.
GRANDIER.
Je ne sais si la signature de Satan est vraie ; mais je sais que ma signature est fausse.
MIGNON.
Alors, vous nous accusez d'avoir voulu tromper monseigneur ?
GRANDIER.
Je n'accuse personne, je craindrais trop d'accuser injustement.
LAUBARDEMONT.
Cependant les religieuses ont reconnu les pactes en vertu desquels elles sont possédées.
GRANDIER.
C'est-à-dire qu'elles ont déclaré les reconnaître.
MIGNON.
Alors, elles ont menti?
GRANDIER.
Dieu leur pardonne si c'est à mauvaise intention.
LAUBARDEMONT.
D'où vient, si les religieuses ne sont pas réellement possédées, d'où vient qu'elles voient à distance, et que l'une d'elles la sœur Louise des Anges, vous a vu de sa cellule, causant avec le bailli à l'hôtel de ville?

GRANDIER.

Quel jour a-t-elle vu cela ?

LAUBARDEMONT.

Avant-hier, dit le procès-verbal.

MIGNON.

Elle l'a vu comme je vous vois.

GRANDIER.

Avant-hier ?

MIGNON.

Oui.

GRANDIER.

C'est bien avant-hier que vous dites ?

MIGNON.

Sans doute.

GRANDIER.

M. le bailli est là, qu'il réponde.

LE BAILLI.

J'affirme sur l'honneur n'avoir vu Grandier avant-hier que dans sa cellule ; j'affirme sur l'honneur n'avoir mis le pied à l'hôtel de ville depuis huit jours.

(Murmures dans la foule.)

L'HUISSIER.

Silence, messieurs !

GRANDIER.

D'ailleurs, je le répète, le droit de l'accusé, son premier droit, son droit le plus sacré, c'est d'être confronté avec son accusateur. Mon principal accusateur, c'est la supérieure des Ursulines ; je demande à être confronté avec Jeanne de Laubardemont.

LAUBARDEMONT.

C'est bien, on la fera descendre dans ta prison.

GRANDIER.

Non pas dans ma prison, car on falsifierait encore ce procès-verbal comme on a falsifié les autres... (Murmures.) Pas dans ma prison ; ici, dans cette église, en présence des hommes, en face de Dieu ; et cela, non pas ce soir, non pas demain, mais à l'instant même.

LAUBARDEMONT.

Cela ne se peut pas.

(Murmures.)

GRANDIER.

Pourquoi cela ne se peut-il pas?

VOIX.

Oui, oui, il a raison! la confrontation, la confrontation! la supérieure! la supérieure!

LAUBARDEMONT.

La supérieure est enfermée dans sa cellule avec deux saints hommes qui prient Dieu de la délivrer du démon que cet homme a mis en elle.

(Murmures.

GRANDIER, à Grillau.

Mon père, quelque chose me dit que, si j'appelais cette femme, fût-ce malgré elle, elle viendrait.

GRILLAU.

Appelle, alors, appelle!

GRANDIER.

Croyez-vous que j'aie ce droit?

GRILLAU.

Oui.

GRANDIER.

Que ce ne soit pas un péché que de forcer la volonté d'une créature humaine?

GRILLAU.

Si c'est un péché, je le prends sur moi. Appelle, appelle!

GRANDIER.

Messire Jacques de Laubardemont, vous refusez à moi, Urbain Grandier, accusé de magie et de sortilége par la supérieure des Ursulines de Loudun, de me confronter avec Jeanne de Laubardemont, mon accusatrice?

LAUBARDEMONT.

Je refuse de la déranger dans ses prières.

GRANDIER.

Prenez garde! moi aussi, je peux prier Dieu, et Dieu peut m'exaucer.

LAUBARDEMONT.

Et que lui demanderas-tu, à Dieu?

GRANDIER.

Je lui demanderai d'amener ici Jeanne de Laubardemont,

malgré les deux religieux qui l'assistent, malgré vous, malgré elle-même.

LAUBARDEMONT.

Demande.

GRANDIER.

Encore une fois, vous refusez?

LAUBARDEMONT.

Je refuse!

GRANDIER.

Au nom du Dieu vivant, qui lit dans nos cœurs et qui juge de nos intentions, Jeanne de Laubardemont, je t'adjure de quitter ta cellule et de venir renouveler en face de moi les accusations que tu as portées en mon absence; Dieu me donne le pouvoir d'ordonner en son nom... Viens, Jeanne! viens, viens, viens!

(Il reste le bras étendu; chacun se retourne et attend. — Murmure qui annonce Jeanne. — Mouvement. — On la voit paraître; elle marche d'un pas lent et solennel. — Rumeur parmi les assistants.)

SCÈNE VI

Les Mêmes, JEANNE.

JEANNE.

Me voilà!

LAUBARDEMONT.

Pourquoi viens-tu?

JEANNE.

Une voix m'appelle à laquelle je suis forcée d'obéir.

LAUBARDEMONT.

C'est celle de cet homme.

JEANNE.

Tu m'as appelée, Grandier?

GRANDIER.

Oui.

JEANNE.

Que veux-tu de moi?

GRANDIER.

Je veux que tu renouvelles en face de moi les accusations que tu as portées en arrière de moi.

JEANNE.

Interrogez-moi, mon père, et je répondrai.

LAUBARDEMONT.

Jeanne de Laubardemont, depuis combien de temps connais-tu cet homme ?

JEANNE.

Depuis qu'il est supérieur des frères de la Merci de Loudun.

LAUBARDEMONT.

L'avais-tu jamais vu avant de le rencontrer dans cette ville ?

JEANNE.

Jamais !

LAUBARDEMONT.

As-tu contre lui quelque sentiment d'amour ou de haine ?

JEANNE.

Aucun.

LAUBARDEMONT.

Jeanne de Laubardemont, as-tu accusé Urbain Grandier d'avoir donné un philtre d'amour à Ursule de Sablé, comtesse de Rovère ?

JEANNE.

Oui !

LAUBARDEMONT.

As-tu accusé Urbain Grandier de l'avoir fait passer pour morte et de l'avoir cachée dans sa cellule ?

JEANNE.

Oui !

LAUBARDEMONT.

As-tu accusé Urbain Grandier d'avoir, par ses maléfices, chassé l'esprit saint du couvent et d'en avoir fait la demeure du démon, à ce point que les plus saintes filles, oubliant leurs devoirs, passaient les nuits en bals et en fêtes, au lieu de les passer en pénitence et en prières ?

JEANNE.

Oui !

LAUBARDEMONT.

Vous le voyez, en présence comme en absence, elle accuse, et l'accusation est précise, il me semble.

GRANDIER.

A mon tour d'interroger, maintenant.

LAUBARDEMONT.

A ton tour d'interroger, dis-tu?

GRANDIER.

Oui.

LAUBARDEMONT.

Jeanne, je vous défends de répondre.

JEANNE.

Oh! soyez tranquille, mon père!

GRANDIER.

Avec l'aide de Dieu, tu me répondras, cependant.

JEANNE.

Moi?

GRANDIER.

Oui, toi!

JEANNE.

Ah! plutôt que de répondre...

(Elle essaye de uir.)

GRANDIER, élevant son bras gauche.

Arrête!

JEANNE, luttant.

Ah! ah! ah!

GRANDIER.

Écoutez tous! car, cette fois, vous allez entendre la vérité.

MIGNON.

Vous voyez bien que cet homme a une puissance infernale!

GRANDIER.

Vous avez déclaré ne me connaître que depuis un an, Jeanne; depuis combien de temps me connaissez-vous?

JEANNE.

Depuis dix ans.

(Murmures.)

GRANDIER.

Vous avez dit m'avoir vu pour la première fois à Loudun; Jeanne, où m'avez-vous vu pour la première fois?

JEANNE.

A Bordeaux.

(Murmures.)

GRANDIER.

Vous avez dit que vous ne m'aimiez ni ne me haïssiez. Me haïssez-vous? ou m'aimez-vous?

JEANNE.

Je vous aime !

(Murmures, rumeurs, étonnement.)

LAUBARDEMONT.

Que dites-tu là, Jeanne? que dis-tu?

GRANDIER.

Oh! attendez, vous n'êtes pas au bout... Vous avez dit que j'avais fait prendre un philtre à Ursule de Sablé, comtesse de Rovère; qui a versé le philtre?

JEANNE.

C'est moi !

(Murmures.)

GRANDIER.

Vous avez dit que j'avais caché Ursule de Sablé dans ma cellule. Qui retenait Ursule de Sablé prisonnière dans l'*in-pace* du couvent des Ursulines?

JEANNE.

C'est moi !

GRANDIER.

Où vous ai-je trouvée, quand j'ai été vous demander la clef de la prison d'Ursule?

JEANNE.

Au milieu d'une fête que les religieuses donnaient dans le cloître des Ursulines.

(Murmures.)

GRANDIER.

Avais-je connaissance de cette fête, des fêtes précédentes ou de celles qui devaient les suivre?

JEANNE.

Vous les ignoriez toutes.

GRANDIER.

Ai-je employé, pour vous reprendre cette clef, aucun moyen magique ou sacrilège?

JEANNE.

Aucun. Vous m'avez dit : « Au nom du Seigneur Dieu, rends-moi cette clef, » et je vous l'ai rendue.

GRANDIER.

Pourquoi teniez-vous Ursule emprisonnée?

JEANNE.

Parce qu'elle t'aimait et que tu l'aimais.

(Murmures.)

GRANDIER.

Quand avez-vous pris cette résolution, de la faire passer pour morte?

JEANNE.

Après mon voyage en Italie.

GRANDIER.

Que veniez-vous faire en Italie?

JEANNE.

Je venais t'offrir ma main, une dot de trois cent mille livres, et le grade de capitaine.

GRANDIER.

Qu'ai-je répondu à cette offre?

JEANNE.

Tu l'as refusée.

GRANDIER.

Pourquoi l'ai-je refusée?

JEANNE.

Parce que tu ne m'aimais plus!

(Rumeurs.)

GRANDIER.

Jacques de Laubardemont, ce que tu viens d'entendre est l'exacte et sainte vérité. Ordonne que je rentre pur et justifié dans ma cellule, et tout sera oublié, comme cela doit se faire entre chrétiens.

LAUBARDEMONT.

Que l'on reconduise l'accusé dans sa prison.

(Rumeurs.)

GRANDIER.

Prends garde, Laubardemont! Je t'offre la paix, et tu choisis la guerre; je te propose l'oubli, et tu prends la vengeance.

LAUBARDEMONT.

Archers, vous avez entendu, obéissez!

(Murmures.)

GRANDIER.

Un instant! j'ai encore quelques questions à faire à cette femme.

LA FOULE.

Oui, oui, qu'il parle! — Parle, Grandier, parle! nous te défendrons, s'il le faut.

GRANDIER.

Jeanne, vous avez dit que j'avais refusé votre main, vos trois cent mille livres et le grade de capitaine, parce que je ne vous aimais plus; dites maintenant pourquoi j'avais cessé de vous aimer.

JEANNE.

Pourquoi?... Parce que... Mon Dieu!... mon Dieu!... parce que...

GRANDIER.

Parlez!

JEANNE.

Parce qu'à Bordeaux, un soir... un soir que vous étiez caché parmi les saules de la rivière... vous avez vu...

GRILLAU, bas.

Oh! mon Dieu, serait-ce...?

GRANDIER.

Qu'ai-je vu? Dites!

JEANNE.

Oh! faut-il donc absolument que je parle?

GRANDIER.

Oui, absolument, il le faut!

JEANNE.

Parce que vous avez vu sortir un homme de chez moi.

GRANDIER.

Qu'était pour vous cet homme?

JEANNE.

C'était mon amant.

(Murmures.)

GRANDIER.

Cet homme vit-il toujours?

JEANNE.

Il vit.

GRANDIER.

A-t-il été puni comme il méritait de l'être?

JEANNE.

Il vit comblé d'honneurs et de dignités.

GRANDIER.

Où est cet homme?

JEANNE.

Il est ici.

LAUBARDEMONT.

Malheureux!

GRANDIER.

Nommez-le.

JEANNE.

Oh! non, non, je ne le nommerai pas... Non, tu ne peux exiger une pareille chose.

GRANDIER.

Soit, ne le nommez pas, j'y consens; mais désignez-le du doigt, je le veux.

JEANNE lève lentement son doigt à la hauteur de Laubardemont.

Le voilà!

LAUBARDEMONT.

Misérable!

LA FOULE.

Son père! le juge! Laubardemont!

GRANDIER.

Maintenant, Jeanne, réveille-toi, souviens-toi de tout ce que tu viens de dire, et que ce souvenir soit ta punition.

JEANNE, se réveillant et regardant autour d'elle.

Mon Dieu! ah!... (Se rappelant ce qu'elle vient dire.) Infamie!

(Elle rabat son voile et s'enfuit.)

LA FOULE, s'écartant devant elle.

Va-t'en, maudite! va-t'en, incestueuse! va-t'en, sacrilége! va-t'en!

LAUBARDEMONT.

A moi, archers!

(Tumulte effroyable.)

SCÈNE V

Les Mêmes, hors JEANNE.

GRILLAU.
Vous l'entendez, il est innocent! il est innocent!

LAUBARDEMONT.
Il a menti!

GRILLAU.
Il y a deux ans qu'en confession il m'a dit, à moi, tout ce qu'il vient de dire; par mes cheveux blancs, il est innocent, je vous le jure.

LAUBARDEMONT.
C'est le démon qui l'a inspiré. Il n'y a que le démon qui puisse forcer une fille d'accuser son père.

GRILLAU.
Et moi, pauvre prêtre, moi, je te dis : c'est Dieu qui a voulu que le crime fût découvert là où était le crime, et que l'innocence fût reconnue là où était l'innocent.

TOUT LE PEUPLE, s'élançant.
Il est innocent! il est innocent! Plus de juge, plus de procès, plus de prison! Liberté! liberté!

(On force les gardes.)

MADAME GRANDIER.
Mon fils!

DANIEL.
Mon frère!

TOUS.
Grandier! Grandier!

GRANDIER.
Mes amis!

LAUBARDEMONT.
Oh! malédiction sur cet homme et sur toute sa famille!

MAURIZIO, dans la coulisse.
Attends, Laubardemont, attends, je t'apporte du secours.

(On s'écarte et l'on voit un homme blessé qu'on apporte sur une civière.)

SCÈNE VI

Les Mêmes, MAURIZIO.

GRANDIER.

Maurizio !

MAURIZIO.

Oui, c'est moi, Urbain ; à mon tour de t'accuser, je t'accuse.

LA FOULE.

Vous accusez ! vous ! vous !

GRANDIER.

Ah ! je l'avais oublié.

LAUBARDEMONT.

Qui que tu sois, tu es le bienvenu.

MADAME GRANDIER.

Quel est cet homme ?

GRANDIER.

Oh ! ma mère ! ma mère !

MAURIZIO, se soulevant.

Oui, j'accuse Urbain Grandier de magie, de sacrilége et d'homicide !

LAUBARDEMONT.

Parle ! parle !

LA FOULE.

De magie, de sacrilége et d'homicide ?

MAURIZIO, debout.

Oui, j'accuse Grandier de magie ; car chacun sait que, pendant la nuit dernière, Grandier était enfermé dans la prison de la ville, et il est sorti de cette prison sans que les portes aient été ouvertes, sans que les geôliers l'en aient vu sortir.

TOUS.

Oh ! oh !

MAURIZIO.

Oui, j'accuse Grandier de sacrilége ; car, malgré le commandement du Seigneur, il s'est servi de l'épée sous ce costume saint qui proscrit l'épée.

TOUS.

Oh !

MAURIZIO.

Oui, j'accuse Grandier d'homicide, car il m'a frappé à mort; et, si vous en doutez (ouvrant son pourpoint), regardez la blessure. La reconnais-tu, meurtrier? Tiens, vois, vois, vois!

(Il vient tomber aux pieds de Grandier.)

TOUS.

Oh

GRILLAU.

Mais réponds donc!

DANIEL.

Mais dis donc que ce n'est point vrai, frère!

MADAME GRANDIER.

Mais démens donc cet homme!

MAURIZIO.

On ne dément pas les morts, et je meurs.

GRILLAU.

Messieurs, messieurs, cet homme ment comme les autres.

TOUS.

Oui, oui, il ment!

GRANDIER.

Cet homme dit la vérité, mes frères; e me vre à la justice des hommes; implorez pour moi la miséricorde de Dieu. Je m'abandonne à vous!...

LAUBARDEMONT.

Reconduisez-le dans sa prison, et que, cette fois, on le garde à vue.

ACTE CINQUIÈME

DOUZIÈME TABLEAU

La prison de Grandier. — Une grille au fond, à travers laquelle on voit se promener la Sentinelle, son mousquet sur l'épaule.

SCÈNE PREMIÈRE

GRANDIER, GRILLAU, LE GREFFIER, GARDES et EXEMPTS.

LE GREFFIER, lisant.

« Nous, juges ecclésiastiques, réunis sous la présidence du sieur de Laubardemont, conseiller es conseil d'État et privé du roi, commissaire extraordinaire nommé en cette occasion, avons déclaré et déclarons Urbain Grandier, supérieur du couvent des frères de la Merci de Loudun, atteint et convaincu du crime de magie, maléfices et homicide, les deux premiers sur la personne des religieuses ursulines de Loudun, et le dernier sur la personne du comte Maurizio dei Albizzi; pour réparation duquel avons condamné et condamnons ledit Grandier à faire amende honorable, nu-tête, la corde au cou, devant la principale porte de l'église Saint-Pierre-du-Marché, et devant celle de Sainte-Ursule de cette ville, et, là, à genoux, demander pardon à Dieu, au roi et à la justice; et, ce fait, être conduit dans la cour de l'hôtel de ville pour y être attaché à un poteau, sur un bûcher qui, à cet effet, sera dressé audit lieu, et y être son corps brûlé vif avec les pactes et caractères magiques restant au greffe. Prononcé en l'une des chambres de la prison de Loudun, audit Grandier, le 6 décembre 1634. » Vous avez entendu?

GRANDIER.

Oui.

LE GREFFIER.

Vous plairait-il de signer votre arrêt, comme c'est l'usage?

GRANDIER.

En avouant le crime d'homicide, oui ; mais en repoussant ceux de magie et de sortilége.

LE GREFFIER, lui présentant une plume.

Faites ainsi qu'il vous conviendra.

GRANDIER.

« Je reconnais être coupable d'homicide sur la personne du comte Maurizio dei Albizzi, ce dont je demande bien humblement pardon à Dieu; mais je nie tous les autres crimes qui me sont imputés par ledit arrêt. GRANDIER. » Voilà ce que vous désirez, monsieur.

LE GREFFIER.

Demandez-vous quelque chose?

GRANDIER.

Rien, et je remercie mes juges de m'avoir épargné la torture... (A Grillau.) Je vous retrouverai sur la route avec ma mère?

GRILLAU.

Ni l'un ni l'autre ne te manqueront au dernier moment.

GRANDIER.

Quant à Daniel...

GRILLAU.

Eh bien ?

GRANDIER.

Tâchez de l'écarter... C'est un enfant, un pareil spectacle le tuerait.

GRILLAU.

Hélas! depuis hier au soir, nous ne l'avons pas vu.

GRANDIER.

Quelque part qu'il soit, Dieu est avec lui. (Grillau sort. — Se retournant.) Pour quelle heure, messieurs?

LE GREFFIER.

Pour ce matin, à neuf heures.

GRANDIER.

Merci... Allez, mon père, allez !...

(Il va s'asseoir sur un banc; le Greffier sort avec les Gardes et les Exempts, dont le dernier reçoit une bourse des mains de Daniel, qui s'est glissé derrière les Soldats.)

SCÈNE II

GRANDIER, DANIEL.

DANIEL.

Frère ! frère !

GRANDIER

Ah ! c'est toi, Daniel !

DANIEL.

Chut !

GRANDIER.

Comment es-tu entré ?... (Il l'enveloppe de son manteau et le fait passer devant lui.) On m'a dit qu'on avait défendu ma prison à ma mère et à toi.

DANIEL.

J'ai donné aux exempts tout ce que je possédais ; ils ont fait semblant de ne pas me voir, et je me suis glissé entre eux.

GRANDIER.

Pauvre enfant, sais-tu à quoi tu t'exposes ?

DANIEL.

Moi ?

GRANDIER.

N'as-tu pas entendu cet homme crier malédiction sur moi et sur toute ma famille ?

DANIEL.

Dieu me protégera ; et puis, d'ailleurs, à tout prix, il fallait que je te visse... On s'occupe de te sauver, Grandier.

GRANDIER.

Qui cela ?

DANIEL.

M. de Sourdis.

GRANDIER.

Tu l'as vu ?

DANIEL.

Oui.

GRANDIER.

Qu'est devenue Ursule ? qu'est devenue Bianca ?... Le seul malheur qui puisse m'arriver maintenant est d'ignorer leur sort et de mourir en l'ignorant.

DANIEL.

Bianca a encore son habit de mariée; elle a épousé cette nuit M. de Sourdis. Ursule a déjà son habit de novice, car elle entre aux Carmélites ce soir.

GRANDIER.

Alors, toutes deux prient pour moi ; je suis tranquille, car la prière de deux anges m'aura précédé au ciel.

DANIEL.

Maintenant, frère, parlons de toi.

GRANDIER.

De moi?

DANIEL.

Oui; en venant ici, j'ai traversé la cour de l'hôtel de ville.

GRANDIER.

Eh bien?

DANIEL.

Dans cette cour, j'ai vu un bûcher.

GRANDIER.

C'est le mien.

DANIEL.

Oh ! j'ai passé bien vite; mais écoute, ce n'est pas ce danger-là que je redoute le plus, puisque, je te l'ai dit, M. de Sourdis s'occupe de te sauver.

GRANDIER.

Et quel autre danger puis-je donc courir?

DANIEL.

Frère, il y avait à l'hôtel de ville M. de Laubardemont, qui causait avec deux soldats; je l'ai vu sourire, je me suis défié; alors, j'ai suivi ces soldats, je leur étais inconnu, ils n'ont pas pris garde à moi, j'ai donc pu entendre ce qu'ils disaient en rejoignant leurs camarades.

GRANDIER.

Et que disaient-ils ?

DANIEL.

Ils disaient que M. de Laubardemont craignait le scandale d'un supplice public; ils parlaient de la déposition de la supérieure, qui pouvait se renouveler; ils ajoutaient que M. de Laubardemont donnerait bien mille livres pour qu'un accident arrivât au condamné.

GRANDIER.

Oui, je comprends.

DANIEL.

Alors, un des soldats a dit : « Un accident ?... Parbleu ! c'est bien facile ; la sentinelle qui garde Grandier n'a, en se promenant devant la grille du cachot, qu'à abaisser son mousquet comme pour le désarmer, et alors, en le désarmant, le chien échappe et le coup part... » Voilà un accident tout trouvé... (Pendant qu'il parle, on voit la Sentinelle abaisser son mousquet à travers la grille.) Oh ! frère, cet homme qui a dit cela...

(Daniel se jette au-devant de Grandier. Le coup part.)

GRANDIER.

Ah ! pour qui ce coup de feu ?

DANIEL.

Pour Daniel, heureusement !... Embrasse-moi, frère... Je meurs !

GRANDIER.

Et moi qui les remerciais de m'avoir épargné la torture !

(Il le prend dans ses bras et l'emporte sur le banc.)

SCÈNE III

Les Mêmes, OLIVIER.

OLIVIER.

Qu'y a-t-il ? et qu'est-ce que ce coup de feu ?

LA SENTINELLE.

Un accident, mon officier : en désarmant mon mousquet, comme la mèche était allumée, le coup a parti.

OLIVIER.

C'est moi qui commande l'escorte qui dois conduire le prisonnier au bûcher... Ouvrez-moi.

(Le Geôlier ouvre.)

SCÈNE IV

GRANDIER, OLIVIER, DANIEL.

OLIVIER.

Grandier !... Grandier !... Ah ! le voilà... Écoute, Grandier, c'est moi qui commande les hommes qui doivent t'escorter ; ces hommes sont à moi ; au coin de la place Sainte-Croix, dix chevaux tout sellés attendent, montés par huit cavaliers; les deux chevaux sans cavalier sont pour toi et pour moi. En passant près de ces chevaux, nous sautons en selle; en quatre heures, nous sommes à Poitiers; là, dix autres chevaux préparés par mes soins nous attendent; demain, nous sommes à la Rochelle; dans trois jours, en Espagne... Ah! c'est bien le moins que je fasse cela pour toi, pour toi qui m'as rendu Bianca, c'est-à-dire plus que ma vie, et qui meurs pour me l'avoir rendue... Mais qu'as-tu donc? Tu ne réponds pas... Grandier!... Grandier!...

GRANDIER, sanglotant.

Regardez!... regardez!

OLIVIER.

Daniel, tué!... tué par ce coup de feu!...

GRANDIER.

Vous voyez bien que je ne puis me sauver, monsieur de Sourdis; car, au lieu d'une, maintenant j'ai deux morts à expier.

TREIZIÈME TABLEAU

La cour de l'hôtel de ville. — A droite, façade à balcon; perron du même côté. Échafaudages au fond. Arcades par lesquelles on pénètre dans la cour; au milieu, le bûcher, gardé par des Soldats.

SCÈNE PREMIÈRE

GRILLAU, MADAME GRANDIER, Soldats, Foule de Peuple.

GRILLAU.

Et vous aurez le courage de l'attendre ici?

MADAME GRANDIER.

La Vierge n'a-t-elle pas suivi son divin fils jusqu'au pied de la croix? Je m'appelle Marie comme elle, et mon fils est innocent comme le sien.

UNE FEMME.

Dites donc, commères, vous ne savez pas, on dit que les religieuses se sont rétractées, et qu'elles n'ont fait tant de bruit que parce qu'elles étaient amoureuses de lui.

UN HOMME, entrant.

Oh ! c'est une infamie ! c'est une indignité !

LES FEMMES.

Quoi donc ? quoi donc ?

L'HOMME.

Il lui en arrivera malheur.

LES FEMMES.

A qui ?

L'HOMME.

A cet infâme Mignon.

UNE FEMME.

Qu'a-t-il fait encore ?

L'HOMME.

Comme Grandier achevait de faire amende honorable à la porte de l'église Sainte-Croix, Mignon lui a donné un crucifix d'argent à baiser.

LES FEMMES.

Eh bien ? eh bien ?

L'HOMME.

Grandier en a approché ses lèvres ; mais à peine ses lèvres l'ont-elles touché, qu'il a jeté un cri.

LES FEMMES.

Bah !

L'HOMME.

« Voyez-vous, a dit Mignon, le démon qui est en lui ne peut supporter la présence de Notre-Seigneur. »

LES FEMMES.

Était-ce vrai ?

L'HOMME.

Attendez donc ! Alors, Grandier a appelé M. de Sourdis et lui a parlé tout bas.

LES FEMMES.

Que lui a-t-il dit ?

L'HOMME.

Je ne sais ; mais M. de Sourdis a arraché le crucifix des mains de Mignon et l'a plongé dans le bénitier que tenait le sacristain ; l'eau sainte s'est mise à bouillir : le crucifix sortait du feu et était brûlant comme un fer rouge.

LES FEMMES.

Infamie ! horreur !

MADAME GRANDIER.

Remerciez Dieu avec moi, mes sœurs; c'est une éternité de bonheur que lui font ses bourreaux.

LES FEMMES.

Sa mère!... Oh! pauvre femme!

MADAME GRANDIER.

Est-il encore bien loin?

L'HOMME.

Non, car voilà le bourreau.

SCÈNE II

Les Mêmes, LAUBARDEMONT et sa Suite, le Bourreau.

Laubardemont traverse le théâtre au milieu des murmures de la foule; les enfants qui sont sur les échafaudages lui jettent des pierres. Il se retourne.

LAUBARDEMONT.

Prenez garde, bourgeois de Loudun! ce bûcher, dressé pour un seul, pourrait bien servir à plusieurs!

(Il entre à l'hôtel de ville; nouvelles menaces; les Gardes qui le suivent font un mouvement. La foule recule.)

CRIS, hors de la cour.

Le voilà! le voilà!

SCÈNE III

Les Mêmes, GRANDIER, OLIVIER, Gardes, Moines, etc.

UNE FEMME, agenouillée.

Saint martyr, tu prieras pour moi, n'est-ce pas?

UNE AUTRE.

Votre main, mon père! votre main!

UNE AUTRE.

Mon père, votre bénédiction!

UNE AUTRE.

Laissez-moi couper un morceau de votre habit, c'est la robe d'un saint.

GRANDIER.

Hélas! mes frères, hélas! mes amis, je ne suis qu'un pauvre pêcheur comme vous.

MADAME GRANDIER.

Vous le voyez, ce n'est pas un condamné, c'est un triomphateur... Grandier!...

GRANDIER.

Ma mère!

MADAME GRANDIER.

Viens, mon fils! viens, mon Grandier, viens!

GRANDIER.

Oh! ma mère! ma mère!

MADAME GRANDIER.

Je serai forte, ne crains rien.

GRANDIER.

Parce que vous ne connaissez pas tout votre malheur, ma mère.

MADAME GRANDIER.

Grandier, j'ai eu cette nuit une vision qui change ma douleur en joie; je t'ai vu assis à la droite du Seigneur, avec une auréole au front.

GRANDIER.

M'y avez-vous vu seul, ma mère?

MADAME GRANDIER.

Non; chose étrange, Daniel était avec toi et près de toi, et tous deux vous me disiez : « Ne pleure pas, sainte femme, nous sommes bien heureux. ».

GRANDIER.

Alors, ma mère, Dieu vous a dit ce que je n'osais vous dire.

MADAME GRANDIER.

Daniel doit te suivre?

GRANDIER.

Daniel m'a précédé.

MADAME GRANDIER.

Il est mort?

GRANDIER.

Ils l'ont tué!

MADAME GRANDIER.

Deux martyrs au lieu d'un! Mon Dieu; je suis élue entre toutes les mères.

(L'Huissier paraît au balcon; rumeurs dans la foule.)

L'HUISSIER, au balcon.

Silence! (Lisant.) « Arrêt qui condamne Urbain Grandier à la peine de mort, comme magicien, sacrilége et homicide. »

VOIX, dans la foule.

Jeanne! Jeanne, la fille du juge, la supérieure des Ursulines, pieds nus, en habit de pénitente!

SCÈNE IV

Les Mêmes, JEANNE.

JEANNE.

Oui, Jeanne, Jeanne pieds nus, en habit de pénitente.

LE GREFFIER, lisant.

« Nous, juges ecclésiastiques, réunis sous la présidence de... »

JEANNE.

Silence! Laissez-moi parler d'abord, et, ensuite, vous lirez votre arrêt, si vous l'osez.

LA FOULE.

Écoutons! écoutons!

JEANNE.

Oui, oui, écoutez tous, et je voudrais que le monde entier fût ici pour m'entendre : c'est cet homme qui est condamné, mais c'est moi qui suis la coupable; c'est cet homme qui va mourir, mais c'est moi qui ai mérité la mort.

GRANDIER.

Mon Dieu, que dit-elle?

MADAME GRANDIER.

Il est écrit qu'il ne manquera rien à ta gloire, ô mon fils!

JEANNE.

Je t'aimais, et c'est cet amour qui m'a perdue; ma haine, c'était de l'amour; ma vengeance, c'était de l'amour; mon parjure, mon impiété, mon sacrilége, c'était encore de l'amour. Oh! noble esprit, cœur chaste, âme pure (tombant à genoux), pardonne-moi! pardonne-moi!

GRANDIER.

Pauvre créature! n'est-ce point pour une pécheresse comme toi qu'ont été dites ces paroles du Christ : « Il te sera beaucoup remis, car tu as beaucoup aimé! »

GRILLAU, lui faisant signe que le Bourreau attend

Mon fils !

GRANDIER.

Oui, il est temps, n'est-ce pas ?

OLIVIER, s'approchant.

Grandier, dis un mot, fais un signe, et tu es sauvé.

GRANDIER.

Je vous recommande Ursule, monsieur de Sourdis

MADAME GRANDIER, lui tendant les bras.

Mon fils !

JEANNE, baisant le bas de sa robe.

Grandier !

GRANDIER.

Ma mère, soyez bénie !... (Il baise le crucifix que lui présente Grillau, puis il monte sur le bûcher.) Jeanne, soyez pardonnée !

(Il étend ses deux bras, qu'on attache aux deux branches du poteau.)

LES DEUX FEMMES.

Ah !...

(Le Bourreau met le feu au bûcher.)

FIN D'URBAIN GRANDIER

LE
VINGT-QUATRE FÉVRIER

DRAME EN UN ACTE

IMITÉ DE LA PIÈCE ALLEMANDE DE Z. WERNER

Gaîté. — 30 mars 1850

DISTRIBUTION

KUNTZ KURUTH..............................	MM. Paulin Ménier.
KARL KURUTH...............................	Laray.
GERTRUDE..................................	Mme Abit.

Une pauvre cabane de paysan. Chambre avec un cabinet fermé par une cloison; à cette cloison sont suspendus une petite horloge en bois, une faux et un grand couteau. Au fond, un lit composé d'une seule paillasse, avec une couverture dessus. Une lampe est placée sur une table. Il fait nuit. L'horloge sonne onze heures.

SCÈNE PREMIÈRE

GERTRUDE, seule, filant.

Onze heures déjà! et Kuntz n'est pas encore rentré!... Mon Dieu! quand je pense qu'il est cependant parti pour Louèche, à six heures du matin, et qu'il pourrait être de retour déjà depuis trois ou quatre heures... Ce n'est rien d'attendre, le jour; mais, la nuit, il me semble que l'attente est double... Et puis, la nuit, j'ai peur!... Cette malheureuse lampe éclaire si mal, que je n'ose regarder autour de moi... Quand les yeux du corps n'y voient pas, les yeux de l'âme croient voir des choses effrayantes... C'est de ce côté-là surtout que je n'ose regarder... C'est là, là, à cette place, que le vieux paralytique avait l'habitude de se tenir dans son fauteuil... Il me semble toujours que je le vois, se dressant avec le couteau dans la poitrine... Ah!... Eh bien, qu'ai-je besoin de regarder de ce côté?... C'est inutile... Je file : que je regarde mon rouet et ma quenouille, c'est tout ce qu'il me faut... Bon! mais je ne regarde pas, j'entends... et il me semble que je viens d'entendre un gémissement!... Chantons, je n'entendrai pas...

> « Pourquoi ton glaive est-il si rouge,
> Mon chevalier?...
> — C'est que j'ai tué dans son bouge
> Un sanglier.
> — Mais qu'as-tu donc? Ta main frissonne!
> Est-ce de peur?
> — N'entends-tu pas minuit qui sonne?
> Malheur! malheur! »

Oh! la vilaine chanson! oh! le triste refrain!... Pourquoi donc, quand, par tristesse, je chante, est-ce là ce qui se présente à mon esprit?... Ah! l'on a frappé à la fenêtre; c'est probablement mon mari... Est-ce toi, Kuntz?... Si c'est toi, pourquoi ne frappes-tu pas à la porte?... Voyons, si c'est toi, réponds... Quelles sont ces deux lumières que je vois briller à travers le carreau?... Sainte Vierge! ce sont les yeux d'un hibou!... Va-t'en, oiseau de malheur! va-t'en!... Notre vie ne peut pas être plus misérable qu'elle n'est... Et, à moins que tu ne viennes m'annoncer la mort de Kuntz, je ne vois pas quel nouveau désastre tu peux nous prédire. (Essayant d'effrayer l'oiseau avec sa quenouille.) Va-t'en! va-t'en!... Mais non, il me regarde fixement... il se cramponne à la fenêtre... Est-ce que ce serait l'âme de ma pauvre petite Louise ou celle de son frère Karl qui viendrait nous visiter?... Alors, alors, sois le bienvenu, voyageur de la nuit... et je vais moi-même t'ouvrir la fenêtre... Mais le voilà qui s'envole... On dit que, lorsque les hiboux s'envolent, ils disent à ceux qui les font envoler : « Viens avec moi! » C'est dans les cimetières que vont les hiboux qui s'envolent!... Que je suis folle de me rappeler toutes ces idées sombres!... Voyons, chassons-les; on est maître de penser ce que l'on veut, et, si l'on pense à des choses tristes, c'est qu'on le veut bien... Je n'aurais qu'à chanter une chanson gaie, par exemple :

Quand le faucheur a bien fauché,
Et que son fer est ébréché,
A sa ceinture il prend sa pierre,
Il la trempe dans la rivière;
Et zing et zang! et zing et zang!
A sa faux il rend le tranchant.

Jésus Seigneur!... Cette chanson-là est encore pire que l'autre... C'est celle que chantait Kuntz en aiguisant sa faux le jour... le jour... où le vieux paralytique... qui était là dans son fauteuil... Bon Dieu!... Qui frappe?

KUNTZ.

Ouvre, femme!

GERTRUDE.

Le Seigneur soit loué! c'est Kuntz!... Viens, viens, mon pauvre homme! viens!

SCÈNE II

KUNTZ, GERTRUDE.

KUNTZ.

Bonsoir, femme.

GERTRUDE.

Comme tu rentres tard!

KUNTZ.

Je suis gelé jusqu'aux os... Fais du feu, Trude.

GERTRUDE.

Du feu!... et avec quoi?

KUNTZ.

C'est vrai, nous n'avons pas de bois... N'y pensons plus... Réjouis-toi, femme!

GERTRUDE.

Que je me réjouisse... de quoi?...

KUNTZ.

De ce que notre sort est décidé... Il n'y a rien d'ennuyeux comme de ne pas savoir à quoi s'en tenir... Je le sais maintenant, moi... et, si tu veux lire ce papier, eh bien, tu le sauras aussi.

GERTRUDE.

Tu dis cela d'un air qui me fait frémir.

KUNTZ.

Allons donc !... Tiens, prends ce papier.

GERTRUDE.

Je n'ose.

KUNTZ.

Prends, te dis-je !... c'est un billet doux de M. le bailli.

GERTRUDE prend le papier et lit.

« Comme Kuntz Kuruth, ex-soldat de la république helvétique, ci-devant propriétaire, et actuellement aubergiste à l'hôtellerie de Schawasbach, n'a point, à la date où elle avait été souscrite, non plus que dans le délai accordé par le tribunal, payé à Jean Jugger la somme de cinq cents livres, montant de la lettre de change, le tribunal ordonne que, s'il n'a pas, ce soir, avant le soleil couché, payé ladite somme audit Jugger, il sera, demain matin, conduit avec sa femme à la maison de détention de Louèche, pour y travailler jusqu'à ce que, du prix de leur travail, ils aient acquitté leur dette... RUDDER, *sous-bailli du canton du Valais.* » — Mon Dieu, Seigneur ! je me doutais qu'il nous était arrivé quelque chose de fatal en voyant que tu tardais tant à revenir...

KUNTZ.

Oh ! c'est que j'ai voulu tenter un nouvel effort... Je savais bien que c'était inutile, mais n'importe !... je ne voulais rien avoir à me reprocher... je voulais pouvoir, après t'avoir dit : « Nous sommes perdus !... » ajouter : « Et perdus sans ressource ! »

GERTRUDE.

Tu as été chez lui ?

KUNTZ.

Lui demander un délai.

GERTRUDE.

Et il a refusé ?

KUNTZ.

Je ne sais pas, en vérité, ce que le bon Dieu met dans la poitrine des riches à la place du cœur qu'il met dans celle du pauvre... « Hors d'ici ! m'a-t-il dit ; ces lamentations m'ennuient... Mon argent ou la prison !... » Son argent !... Il en avait de pleins sacs rangés sur des planches, comme des graines à l'étalage d'un grainetier... Un homme, en écoutant mes prières, en voyant mes larmes, car j'ai pleuré ! au lieu de me menacer, au lieu de me mettre le désespoir dans l'âme,

eût pris un de ces sacs, me l'eût mis dans la main, et eût dit :
« Va dans la joie et le bonheur, pauvre malheureux !... »
Mais Jean Jugger n'est pas un homme !

GERTRUDE.

N'es-tu pas allé chez nos anciens voisins, chez les Muller ?
Ce sont de bonnes gens.

KUNTZ.

Si fait.

GERTRUDE.

Ils n'étaient pas à la maison, peut-être ?

KUNTZ.

Ils y étaient... Ils m'ont dit : « Dieu vous assiste ! »

GERTRUDE.

Et chez nos cousins, chez nos cousines ?

KUNTZ.

Oh ! ceux-là ne m'ont pas même renvoyé à Dieu, ils m'ont
fermé la porte au nez.

GERTRUDE.

Et voilà ce qu'on appelle des parents !

KUNTZ.

Un parent, aujourd'hui, vois-tu, femme, c'est celui qui
nous aide le dernier et nous mord le premier.

GERTRUDE.

Ils ont donc oublié que, plus d'une fois, ils se sont assis à
notre table, et y ont apaisé leur faim ?

KUNTZ.

Bah ! dîner digéré, dîner oublié !

GERTRUDE.

Alors, tu ne rapportes rien... absolument rien ?

KUNTZ.

Je rapporte la moitié de ce pain qui m'a été donnée par le
pauvre Henry... Il sait ce que c'est que la faim, lui ; voilà
pourquoi il me l'a donnée... C'est tout ce qu'il faut pour ce
soir... Demain, nous serons logés et nourris aux frais du canton... Merci, Jean Jugger !

GERTRUDE.

Ainsi, tu as tout essayé ?

KUNTZ.

Tout.

GERTRUDE.

Et tu dis qu'il avait beaucoup de sacs d'argent dans son cabinet?

KUNTZ.

Plus de trente, peut-être?

GERTRUDE.

Il me semble que, lorsqu'il y a tant de sacs d'argent chez un seul, et qu'il en disparaît deux ou trois, le bon Dieu ne doit pas s'en apercevoir.

KUNTZ.

Oui; mais les précautions sont prises.

GERTRUDE.

Ah! tu y as donc pensé aussi, toi?

KUNTZ.

Je ne sais à quoi j'ai pensé... J'ai regardé autour de moi, voilà tout.

GERTRUDE.

Et tu as vu?...

KUNTZ.

Des barreaux aux fenêtres... des verrous et des serrures aux portes... Sois tranquille, va, le cachot où l'on nous mettra demain ne sera pas mieux fermé que le cabinet de Jean Jugger.

GERTRUDE.

Il y a un homme qui est presque aussi riche que Jean Jugger, et qui ne prend pas de si grandes précautions, lui, et qui demeure à trois lieues d'ici, au Kanderthal : c'est Slouffly... Il a tant de vaches, qu'il pourrait paver le chemin d'ici à Louèche avec ses fromages... et puis de l'argent, comme du foin!... Il demeure seul... Dès cinq heures du soir, il est ivre... Est-ce que tu ne pourrais pas, cette nuit, sans que personne le sût...? Pourquoi me regardes-tu ainsi, Kuntz? Tu me fais peur!...

KUNTZ.

Femme! femme éhontée!... Je te regarde, oui; mais, toi, oses-tu me regarder!... moi vieux soldat de la confédération, moi qui ai eu siége et voix à la Diète, moi qui sais lire et écrire, moi qui connais l'histoire de Guillaume Tell et de Vinkelried, moi qui, il y a treize ans, ai reçu une médaille du grand conseil de Berne pour avoir enlevé un drapeau à l'ennemi, tu oses me conseiller de voler!...

GERTRUDE.

Tu parlais de l'argent de Jean Jugger !

KUNTZ.

Oh ! l'argent de Jean Jugger, il me semble que c'est autre chose... L'argent de ce malheureux qui nous a réduits à la mendicité par les poursuites qu'il a fait faire contre nous, il me semble que, son argent, j'eusse pu le prendre et que ce n'était qu'une restitution.

GERTRUDE.

D'ailleurs, je ne te disais pas de voler ; tu aurais pris cet argent avec l'intention de le rendre... Nous ne serons pas toujours malheureux, nous ne serons pas toujours maudits... Je prie tous les jours ; tous les dimanches, je fais dix lieues pour aller à la messe et en revenir... Il ne nous faudrait qu'un regard du bon Dieu.

KUNTZ.

C'est demain le 24 février, et tu espères encore, femme !... Eh ! tu sais bien que, depuis le 24 février 1788, il y a vingt ans de cela, le Seigneur ne regarde plus de notre côté.

GERTRUDE.

Chut ! ne parle pas du 24 février : cela nous porterait malheur !

KUNTZ.

Et toi, ne me parle plus de voler... La fille d'un pasteur !... fi !... tu n'as donc pas de honte ?...

GERTRUDE.

On dit de ces choses-là quand on a faim ; vois-tu, la faim, ça rend comme fou... et, depuis hier, je n'ai pas mangé, tu le sais bien !...

KUNTZ, cassant la moitié du pain.

Mange, alors...

GERTRUDE.

Je ne sais pas comment cela se fait, j'ai faim et je ne peux manger... Ta nouvelle, vois-tu (se serrant la gorge), elle m'a pris là... Eh bien, que feras-tu ?...

KUNTZ.

Oh ! c'est bien simple... Pas un du nom de Kuruth n'a jamais été mis en prison... et, foi de Kuntz ! femme, je ne serai pas le premier.

GERTRUDE.

Mais, enfin, que feras-tu? Parle... Comptes-tu résister à la loi?...

KUNTZ.

Oh! non, Dieu m'en garde!... je suivrai les recors sans résistance; mais, en arrivant au détour du chemin qui conduit du glacier de Lamnern au Daubensée, la route est si étroite, qu'il n'y a qu'à fermer les yeux... le pied glissera tout seul.

GERTRUDE.

Jésus! c'est un abîme!

KUNTZ.

Et ne vaut-il pas mieux mourir que de voler ou d'aller en prison?...

GERTRUDE.

Non, non, bon Kuntz, il vaut mieux vivre, crois-moi... vivre et quitter cette maison... Pourquoi donc y tiens-tu tant, à cette malheureuse maison?... Est-ce parce que deux fois la mort y est entrée avant l'heure où elle devait venir?... Nous allons nous en aller, vois-tu; nous gagnerons un autre pays, la France ou l'Italie... Ici, les cœurs des hommes sont de glace ou de granit, comme leurs montagnes... Viens, et fermons la porte sur la malédiction du Seigneur; peut-être ne nous suivra-t-elle pas...

KUNTZ.

Partir... aller mendier... traverser les Alpes dans cette saison où, à chaque pas, les avalanches roulent, où dans chaque ravine un torrent débordé mugit!... C'est pour le coup que la malédiction du Seigneur aurait beau jeu!... Non, tu l'as partagée avec moi pendant vingt ans; tous les jours, elle a blanchi un de tes cheveux; tous les jours, elle t'a courbée d'une ligne... laisse-moi l'expier seul... Aussitôt que tu seras quitte de moi qui suis maudit, tu pourras plus aisément gagner ton pain... N'est-ce pas, le vieux, hein?...

GERTRUDE.

Oh! mon Dieu! à qui parles-tu donc?...

KUNTZ.

A celui que je crois toujours voir dans son fauteuil, là, là!

GERTRUDE.

Tais-toi donc!... tais-toi donc!... il va justement être minuit... Ne dis pas de pareilles choses à une pareille heure... Prends bien plutôt la Bible, là, sur la cheminée... et lis-nousen un chapitre... On dit toujours que c'est un livre qui console.

KUNTZ.

N'en as-tu pas essayé plus d'une fois déjà... et inutilement

GERTRUDE.

Si fait... Mais j'espère toujours.

KUNTZ.

Eh bien, soit!... autant faire cela qu'autre chose... quand on a froid... quand on a faim... et quand on sait qu'il est inutile de se coucher, parce que l'on ne pourra pas dormir... (Il monte sur un escabeau et prend la Bible.) La voici...

GERTRUDE.

Il vient de tomber un papier...

KUNTZ.

Ramasse-le.

GERTRUDE.

Il y a quelque chose d'écrit dessus.

KUNTZ.

Fais voir... (Il lit.) « Ce 24 février 1776, à l'heure de minuit, Christophe Kuruth, mon père, à l'âge de soixante-quatorze ans, est mort par... » Et puis plus rien qu'une grande croix... Penses-tu qu'elle soit assez grande pour couvrir le crime?...

GERTRUDE.

Oh! mon Dieu! mon Dieu! il semble que tout nous parle de ce que nous nous efforçons de taire.

KUNTZ.

Quel quantième du mois est-ce donc aujourd'hui?

GERTRUDE.

Pourquoi nous en inquiéter?... C'est bon quand il arrive quelque chose d'heureux, de marquer les jours...

KUNTZ.

Montre-moi l'ordonnance du tribunal...

GERTRUDE.

Je ne sais pas où elle est...

KUNTZ.

La voici... « Louèche, ce 23 février... » Ah! c'est juste... tout est clair maintenant... (Regardant la pendule.) C'est demain l'anniversaire; et, dans cinq minutes, nous serons à demain.

GERTRUDE.

Hélas!

KUNTZ.

Écoute : ce soir, en revenant de Louèche, — je montais le défilé du Gemmi, qui s'élève en zigzag, comme un serpent... Tu le sais, je suis homme, je ne crains rien... la honte exceptée... en outre, j'ai fait ce chemin plus de mille fois, tant de jour que de nuit... Eh bien, en rampant le long de ce mur de rocher qui n'a pas de fin... j'ai ressenti... comment te dirai-je?... ce n'était pas de la peur d'abord... c'était une inquiétude étrange... Toute ma vie m'apparaissait, pareille à ce chemin, se rétrécissant à mesure qu'il monte... Il me semblait que, arrivé au sommet, j'allais trouver quelque abîme rompant la route, et impossible à franchir... Tu sais, dans les rêves, on a de ces sensations-là ; on s'engage entre deux murailles qui se rapprochent toujours et qui finissent par vous étouffer dans un embrassement de pierre... En arrivant au haut de la montagne, je regardai la vallée : la vallée était sombre comme ma conscience... Alors, j'ai pris le sentier qui conduit vers l'orient... et soudain, en face de moi, au milieu d'un nuage mat et floconneux, j'ai vu le glacier du Lammern, tout couronné de frimas... Je n'avais jamais remarqué qu'il eût cette forme... il semblait un vieillard gigantesque, assis dans un fauteuil... On eût dit celui qui s'asseyait là ; comme lui, il était morne... et bleu. Je me suis souvenu alors du jour où je repassais cette faux, et où je jetai ce couteau... et j'ai senti là... (il montre son cou) quelque chose de froid et d'aigu comme le tranchant de la hache du bourreau... Alors, je me suis mis à courir... et, à mesure que je courais, le glacier semblait grandir derrière moi !... J'arrivai ainsi jusqu'au lac de Dauben... Il était glacé comme mon sang... Quant à ma vie, elle était presque consumée comme la lumière de ma lanterne ; tout mon sang était dans mon cœur... et mon cœur, près d'éclater, battait contre les parois de ma poitrine, comme fait le balancier de cette horloge... Tout à coup, un chat-huant, qui semblait venir d'ici, attiré sans doute par la flamme mouvante de ma lanterne, se jette dessus et l'éteint !... Femme ! femme ! j'ai laissé tomber ma lanterne, et je me suis sauvé, tremblant comme un enfant, pour la première fois de ma vie !...

GERTRUDE.

Assez ! assez ! Kuntz, tu me fais mourir de peur !... Écoute, on frappe !

KUNTZ.

C'est l'esprit du vieux qui revient.

GERTRUDE, s'approchant doucement.

Non, c'est, je crois, un voyageur... Le laisserai-je entrer?...

KUNTZ.

Eh! fût-ce le diable lui-même, que peut-il nous arriver de pis que ce qui arrive?... Ouvre toujours.

SCÈNE III

LES MÊMES, KARL, en habit de voyage, tout couvert de neige; il porte sous son manteau une gibecière, un couteau de chasse; il tient à la main gauche une lanterne près de s'éteindre, à la droite un long bâton ferré.

KARL, de la porte.

Dieu vous protége, amis!

KUNTZ.

Ami ou ennemi, entrez.

KARL, les regardant tous deux.

Voulez-vous bien...?

(Il met la main sur son cœur, comme un homme qui étouffe.)

KUNTZ.

Que faut-il que nous voulions bien? Dites!...

KARL.

Voulez-vous bien m'accorder l'hospitalité pour cette nuit?

KUNTZ.

Si vous ne demandez que le gîte et une botte de paille, volontiers; mais, si vous demandez autre chose, il faut aller chercher ailleurs.

GERTRUDE, vivement.

Moi, je n'ai pas mangé mon pain : on peut le donner à monsieur.

KARL, à part.

Oh! en sont-ils donc là!...

KUNTZ, à sa femme.

Qu'a-t-il donc à marmotter ainsi tout bas?...

GERTRUDE.

Oh! rien qu'il ne puisse dire tout haut, probablement... Regarde, comme il a l'air bon!...

KUNTZ.

Il a l'air... mais l'est-il?

GERTRUDE, secouant le manteau de l'étranger.

Que vous êtes heureux, monsieur, de n'avoir point été enseveli par quelque avalanche!... Il était temps que vous arrivassiez... voilà votre lumière qui meurt... Êtes-vous venu par Louèche?...

KARL.

Non, je viens de Kanderstœg.

GERTRUDE.

Et vous avez monté sans guide jusqu'ici?

KARL.

Oh! je suis enfant du pays et habitué à gravir les alpes les plus escarpées.

KUNTZ.

Un confédéré, un compatriote?... Soyez doublement bienvenu!

KARL.

Alors, votre main...

KUNTZ.

Oh! ma main est souillée et prompte à faire le mal... Si aucune malédiction ne pèse sur vous, évitez-la.

GERTRUDE.

Vous êtes fatigué, cher monsieur; vous avez faim, vous avez froid... Hélas! nous n'avons ni bois ni vin pour vous réchauffer; mais nous souffrirons avec vous.

KARL.

Oh! qu'à cela ne tienne!... j'ai fait mes provisions à Louèche, et j'ai ma gibecière pleine... Tenez, voici un rôti, du pâté et deux bouteilles de vin... De plus, cette gourde est pleine de kirsch-wasser.

KUNTZ.

Vous m'avez l'air d'un riche dissipateur, jeune homme!

KARL.

Ma foi, la vie est longue, lourde parfois : il faut la rendre facile et légère... Venez ici, mère Trude, et asseyez-vous près de moi.

GERTRUDE.

D'où savez-vous mon nom, monsieur?... Personne ne l'a prononcé devant vous...

KARL.

Il y a une quantité de Trude dans ce pays-ci... J'ai dit ce nom-là comme j'en aurais dit un autre... Suis-je tombé juste, par hasard?...

KUNTZ, à part.

Voilà un étrange oiseau de nuit!

KARL.

Eh bien, qu'avez-vous, mon hôte?... Je bois à votre santé, faites-moi raison.

KUNTZ.

Ce n'est pas juste, que le maître de la maison vive aux dépens de celui qu'il reçoit.

KARL.

Bah! soyez tranquille, ce qui s'offre de bon cœur, Dieu le rend au double.

GERTRUDE.

Tu vois que monsieur donne volontiers... Bois un peu de vin, Kuntz; cela te fera du bien... Il y a si longtemps que tu n'en as bu!...

KUNTZ.

C'est bon!... A une fin bienheureuse! (Il boit.) Ah!...

GERTRUDE.

N'est-ce pas, comme il réchauffe le cœur, le jus des raisins si longtemps oublié!... comme il fait du bien!

KARL.

Mangez... Voici du jambon, du saucisson, une poule... Cela vous fera du bien.

GERTRUDE.

Une poule?... Non, je n'en mangerai pas... Mais vous?...

KARL.

Ni moi non plus!

KUNTZ.

Ni moi... Je m'en tiendrai au vin, il réchauffe.

KARL.

Bonne mère Gertrude, prêtez-moi un couteau; j'ai perdu le mien en chemin.

GERTRUDE, à Kuntz.

Il n'y en a plus d'autre à la maison que celui-là.

KUNTZ.

Eh bien, donne-le, qu'importe?...

KARL, *regardant le couteau.*

Oh! oh! celui-ci... N'en avez-vous pas un autre?...

GERTRUDE.

Non, c'est le seul que nous ayons.

KARL, *l'examinant.*

Oh!

KUNTZ, *à part.*

Il regarde la tache de sang!

GERTRUDE.

Que regardez-vous?

KARL.

C'est du sang, n'est-ce pas?...

KUNTZ.

Qui vous a dit que ce fût du sang?...

KARL.

Personne; mais la lame me paraît rouge.

KUNTZ.

Versez à boire, mon hôte... Le passé est passé! songer au passé, c'est folie.

KARL.

Vous avez raison... Buvez au bonheur de votre fils!

GERTRUDE.

De mon fils!...

KUNTZ.

Femme!

KARL.

Si vous en avez un encore!

KUNTZ.

En vérité, monsieur, vous me paraissez un singulier convive; avec votre couteau de chasse et vos pistolets à la ceinture, vous ressemblez à un coureur de gibier... Dites-nous, comment la nuit vous a-t-elle surpris dans la montagne?...

KARL.

Je désire être demain à Louèche; c'est pour cela qu'afin d'avancer mon chemin, je suis venu coucher ici.

KUNTZ.

Vous allez à Louèche?...

KARL.

Oui.

KUNTZ, lui tendant la main.

Eh bien, touchez là... Nous ferons demain la route ensemble.

KARL.

Votre main est froide comme celle de la mort!

KUNTZ.

La mort! La craignez-vous?... Alors, l'apparence mentirait.

KARL.

Non... Plus d'une fois, elle m'a menacé de près : j'ai été soldat.

GERTRUDE.

Vous avez vu la mort de près, monsieur?...

KARL.

Oui, et je puis dire même que je l'ai à peu près touchée, comme j'ai touché votre main tout à l'heure... J'étais aux Tuileries au 10 août.

GERTRUDE.

Mon Dieu! peut-être avez-vous connu mon fils... Il y était aussi.

KUNTZ.

Tais-toi! ne parle jamais de lui.

KARL, à part.

Oh! la malédiction!...

KUNTZ.

Eh bien, qu'avez-vous?

KARL.

Moi? Rien... Je regarde autour de moi : tout est bien pauvre ici... Tout à l'heure, vous parliez de besoin, de misère...

KUNTZ.

Bah! quel intérêt y a-t-il pour vous dans tout cela?

GERTRUDE.

C'est vrai, monsieur, nous sommes bien malheureux, allez!

KARL.

Comment donc êtes-vous tombés si bas?... Cette auberge de Schwarrbach passait pour une des meilleures du Valais... et même, du temps de votre père Christophe Kuruth, on n'en connaissait pas de meilleure dans tout le canton.

KUNTZ, à sa femme.

Entends-tu?... il sait le nom de notre père!...

GERTRUDE.

Monsieur, comment savez-vous...?

KARL.

Eh! ne vous ai-je pas dit, mon cher compatriote, que j'étais du pays?... J'ai entendu raconter toutes ces choses étant enfant.

KUNTZ.

Quelles choses?...

KARL.

Eh bien, que vous aviez été soldat... un vigoureux compagnon, même.

KUNTZ.

Oui, oui... et vous saurez que je n'entendais pas raillerie.

KARL.

Vous vous êtes comporté en brave, je sais cela... Quand vous prîtes votre congé, le conseil de Berne vous donna un certificat, et la Diète une médaille... C'est alors que vous revîntes et que vous reçûtes l'auberge des mains de votre père, Christophe Kuruth...

KUNTZ.

Encore!...

KARL.

Buvons à la paix de l'âme de votre père, monsieur Kuntz...

KUNTZ, à part.

Il n'en manquera pas un... Cet homme est donc Satan, qu'il sait tout?

GERTRUDE.

Bois.

KUNTZ.

Non, monsieur... Il peut vous sembler étrange que je refuse le toast que vous portez... C'est singulier, n'est-ce pas, un fils qui ne veut pas boire à la paix de l'âme de son père?... mais ce n'est pas que je ne veux pas, c'est que je n'ose pas... Le vieux est mort en me maudissant!...

KARL.

Alors, laissons cela!

KUNTZ.

Non, non... Tenez! puisque vous savez tant de choses, autant que vous sachiez tout... Je ne suis pas si coupable que vous le pourriez croire... D'ailleurs, vous jugerez vous-même...

GERTRUDE.

Kuntz, mon ami!...

KUNTZ.

Allons, allons, laisse-moi, je suis parti... On dit que les catholiques éprouvent un grand bien de la confession : je vais me confesser à monsieur, qui ne me paraît pas trop mauvais diable !

GERTRUDE, à part.

Oh ! si j'avais su que le vin dût le faire parler !...

KUNTZ.

Voici donc la chose... Je pris mon congé, comme vous l'avez dit, et je revins... J'avais trente ans alors, j'étais plein de force et de vigueur; je résolus de prendre une femme pour partager mes plaisirs et mes peines... J'avais quitté Trude enfant, je la retrouvai jeune fille, grandie et embellie; elle savait lire et écrire... Nous nous aimâmes bientôt... Elle était fille d'un pasteur du canton de Berne... Ces hommes de Dieu ne laissent après leur mort que leurs livres et des enfants... Moi, relativement à elle, j'étais riche, je pouvais choisir parmi les jeunes filles riches des environs ; mais j'aimais Trude ; d'ailleurs, nous étions amants avant d'être mari et femme... et, quand on a dit A, il faut bien dire B... Nous nous mariâmes...

GERTRUDE.

Hélas ! contre le gré de ton père... C'est de cette désobéissance à sa volonté que viennent tous nos malheurs.

KUNTZ.

Valait-il mieux t'abandonner, quand tu m'avais donné la seule richesse que tu possédasses... ton honneur?... Non... Et si mon père eût été un autre homme, il m'eût encouragé dans mon bon dessein, au lieu de s'y opposer... Mais mon père était un homme méchant, qui journellement me querellait.

GERTRUDE.

Monsieur, il faut vous dire qu'il souffrait beaucoup de la goutte... Pauvre vieillard! il ne pouvait quitter son fauteuil... et, comme, dans sa jeunesse, il avait été un des plus agiles chasseurs de chamois, cette inaction le rendait dur pour tout le monde.

9.

KUNTZ.

Bon, bon, tu fais bien de dire cela, femme... C'est un cœur d'or, voyez-vous... Pauvre créature! elle souffrait mort et douleurs avec le vieillard... et tout cela sans laisser échapper une plainte, sans pousser un soupir... Il l'appelait la bâtarde du prêtre! Monsieur, chaque fois qu'il disait ce mot, mon cœur se retournait; celui qui insulte votre femme, quand vous aimez votre femme, vous fait plus de mal que s'il vous insultait vous-même... Un jour, il y a de cela vingt-huit ans révolus... un jour, ou plutôt une nuit, il était une heure du matin; c'était en février... le 24... je revenais d'une fête de carnaval donnée à Louèche... nous avions ri, dansé et bu, si bien que j'étais un peu en train... Trude était restée à la maison, occupée des soins du ménage... A neuf heures, comme de coutume, elle avait voulu aider le vieux à se coucher; mais lui, avait refusé, disant que, lorsqu'elle le soutenait, elle lui faisait mal... Il faut vous dire que la pauvre créature prenait mille précautions, au contraire! De sorte qu'il était resté dans son fauteuil, grondant, grommelant, défilant son chapelet d'injures; quant à elle, elle était rentrée dans ce cabinet, où nous couchions... il y avait un lit dans ce temps-là... et elle pleurait, agenouillée au pied de son lit... Du dehors, de l'autre côté de la porte, j'entendais déjà la voix du père... J'entrai... La chambre n'était éclairée que par un rayon de lune, qui éclairait le fauteuil du vieillard... il était là, où il est; seulement, le père était dedans, jurant, trépignant, sacrant... Je ne dis rien; seulement, je me doutai de ce qui s'était passé... J'entrai dans la chambre, Trude pleurait... Mon sang prit feu en voyant ses larmes... C'était mal, d'éprouver de la colère contre mon père! je le sais bien; mais voir maltraiter une créature faible et que l'on aime, la voir sans cesse dans les soupirs, dans les pleurs... Tenez, vous êtes de mon avis; car, Dieu me pardonne, il me semble que vous avez les larmes aux yeux.

(On entend sonner une heure du matin.)

GERTRUDE, priant.

« Notre Père, qui êtes aux Cieux! que votre nom soit sanctifié!... »

KUNTZ.

Oui, femme, prie, prie!... J'étais bouillant de rage! j'aurais dû rester dans ce cabinet... je rentrai... Le vieux criait, grondait, injuriait toujours; moi, je faisais semblant de rire pour ne pas crier aussi... Le vieux s'emportait de plus fort en plus fort... je le regardais en riant... Je pris cette faux que vous voyez là, d'une main, et ce couteau de l'autre... « L'herbe va bientôt croître, dis-je; il est temps que j'aiguise ma faux... Le cher père n'a qu'à continuer de gronder, je vais l'accompagner en musique... » Alors, tout en aiguisant ma faux, je sifflais cette chanson, que vous savez peut-être aussi, vous qui savez tout :

> Quand le faucheur a bien fauché,
> Et que son fer est ébréché,
> A sa ceinture il prend sa pierre,
> Il la trempe dans la rivière,
> Et zing et zang! et zing et zang!...

Je chantais ainsi gaiement; le vieillard se mit alors à écumer de rage, à trépigner, à menacer... Cela devenait intolérable! « Bâtarde! fille perdue! catin! » cria-t-il à ma femme. Oh! ceci m'alla droit au cœur, je ne pus me contenir plus longtemps! ce couteau avec lequel j'aiguisais ma faux... cet instrument de perdition... eh bien!... eh bien! je le lui jetai...

KARL.

Ah!

KUNTZ.

Alors, j'eus une vision terrible!... Le vieillard, qui ne s'était pas tenu debout depuis un an, poussa un cri, se dressa tout droit en me maudissant! et il me sembla que je voyais le manche du couteau au milieu de sa poitrine... Mais non : lorsque je rentrai, le lendemain matin, — il faut vous dire qu'au cri du vieillard, je me sauvai, et que j'errai toute la nuit, poursuivi par cette vision...— lorsque je rentrai, le lendemain matin, le vieillard était couché dans son lit, et Trude me dit qu'il était mort d'apoplexie foudroyante!... N'est-ce pas, femme, que c'était vrai?... n'est-ce pas?... Mais dis donc que c'était vrai!

GERTRUDE.

Oui, oui, mort d'apoplexie! Il n'y a rien d'étonnant à cela, monsieur : il avait soixante-quatorze ans!...

KUNTZ.

Ah! vous pâlissez! vous ne croyez pas ce que vous dit la

femme! J'avais donc raison de vous dire, moi, que cette main était maudite.

KARL.

N'importe! ne désespérons pas... Là-bas, au-dessus des étoiles, toute malédiction s'efface, dit-on...

GERTRUDE.

Entends-tu, Kuntz?

KUNTZ.

Je vous crois... ou plutôt, oui... je veux vous croire... D'ailleurs, le vieux père était un homme de méchante humeur, il m'avait poussé à bout... Je n'ai fait que lui jeter le couteau... je ne l'ai pas atteint, j'en suis sûr... Il est mort, parce qu'il était vieux! bien vieux!... Je ne savais plus ce que je voyais, ni ce que j'entendais... Ce manche de couteau, c'était une vision; cette malédiction, c'est un rêve! On dit que, lorsqu'un père a maudit son fils en mourant, la main qui a jeté la malédiction sort du tombeau... Je suis passé plus de cent fois près du tombeau de mon père, j'y ai toujours vu de l'herbe, mais je n'y ai jamais vu de main.

KARL.

Horrible! horrible!

KUNTZ.

Attendez!... ce n'est pas...

GERTRUDE.

Kuntz! Kuntz! mon ami!...

KUNTZ.

Ah! ma foi, puisqu'il a voulu savoir, qu'il sache tout... Eh bien, depuis la malédiction paternelle, nous n'avons eu que du malheur... Nous continuions à nous aimer tendrement; mais, à chaque instant, nous nous sentions pâlir ou frissonner; il semblait qu'un spectre, se glissât incessamment entre nous deux... Six mois après la mort du vieux, Trude accoucha d'un fils! il portait le signe de Caïn : une faux sanglante sur le bras gauche... Vous comprenez : pauvre femme! elle avait eu l'esprit frappé... et l'enfant naquit maudit comme son père!... aussi, notre second malheur nous vint de lui... Cependant, je lui pardonne.

KARL.

Oh! vous lui pardonnez?...

KUNTZ.

Oui, mais parce qu'il est mort!

KARL.

Mort?...

KUNTZ.

Dieu merci!... Allons, ne pleure pas, toi... n'est-ce pas un bonheur qu'il soit mort?... — Cinq ans après être accouchée du garçon, Trude accoucha d'une fille... une adorable enfant, douce et belle comme un ange!... (Karl se lève.) Eh bien, qu'avez-vous?... cherchez-vous quelque chose?...

KARL.

Rien... Mais je ne puis rester longtemps à la même place!

KUNTZ.

Eh bien, c'est comme notre Karl... on eût dit qu'il était poursuivi par l'Enfer... C'était la malédiction!...

KARL.

Il fait bien froid chez vous, ne trouvez-vous pas?...

KUNTZ.

Bref, c'était huit ans après la mort du père!... c'était en février, le 24... toujours!... la petite fille avait trois ans, et le garçon sept et demi... Ce même couteau était à terre... les deux enfants jouaient à la porte... leur mère venait de couper le cou à une poule...

GERTRUDE, priant.

« Je crois en Dieu, Père tout-puissant, créateur du ciel et de la terre... »

KUNTZ.

Le petit garçon avait vu égorger la poule. « Viens, dit-il à sa sœur, nous allons jouer au jeu de la cuisinière: je serai la cuisinière, et, toi, tu seras la poule... » En même temps, je le vois qui ramasse le couteau... je veux me jeter sur lui... mais il était trop tard!... la petite fille était déjà à terre, baignée dans son sang!... son frère venait de lui couper la veine, comme ils dirent... Ah! vous pleurez, vous êtes un brave cœur!... mais j'ai bien pleuré aussi.

KARL.

Et c'est alors que vous avez renvoyé à votre fils la malédiction que votre père avait jetée sur vous, n'est-ce pas?

KUNTZ.

Vous comprenez : c'était un enfant, son âge échappait aux tribunaux... j'ai dû faire la justice qu'ils ne pouvaient pas faire... Oui, je l'ai maudit!

KARL.

Et, depuis, n'avez-vous pas levé cette malédiction?...

KUNTZ.

N'avez-vous pas dit que, là-bas, au-dessus des étoiles, il n'y avait plus de malédiction?...

KARL.

Et s'il n'était pas mort, s'il revenait, ce pardon...?

KUNTZ.

Malheur à lui!... car ce pardon, à l'instant même, je le reprendrais.

GERTRUDE.

Tiens! ce que tu dis là, Kuntz, ce n'est ni d'un homme ni d'un chrétien... Si je croyais qu'il vécût encore, si je savais où il est, moi, je n'attendrais pas qu'il revînt, j'irais le trouver.

KARL.

Alors, vous avez bien pleuré, lorsqu'il s'est enfui?

GERTRUDE.

Je pleure encore.

KUNTZ.

Vous savez donc qu'il s'est enfui?

KARL.

Je le présume.

KUNTZ, bas.

Femme! femme! je t'ai déjà dit que ce chasseur savait bien des choses... Prends garde!

KARL.

Mais, enfin, supposez que ce fils revienne!...

KUNTZ.

N'avez-vous pas entendu que je vous ai dit qu'il était mort, qu'il avait été tué au 10 août?... Non, de par tous les diables! il ne reviendra pas!... Maintenant, à votre tour!...

KARL.

Que voulez-vous dire : à mon tour?...

KUNTZ.

Oui, je vous ai raconté ma vie; dites-moi la vôtre... Comment se fait-il que vous couriez ainsi, la nuit, les montagnes?...

KARL.

Ah! c'est que l'histoire de ma vie est bien sombre aussi, allez!

KUNTZ.
Vous êtes mon camarade, alors...
KARL.
Moi aussi, étant enfant, comme votre fils... moi aussi, dans un moment fatal, j'ai commis un meurtre!
GERTRUDE.
Un meurtre!... Il a pourtant l'air bon, mon Dieu!...
KUNTZ.
Oh! oh! camarade, comment cela vous est-il arrivé, à vous? Dites!
KARL.
Ne rouvrons pas cette plaie de mon cœur, je vous en prie... Sachez seulement que, comme le pauvre Karl, je pris la fuite... J'entrai dans la musique d'un régiment suisse; puis, lorsque je fus plus grand, de musicien, je me fis soldat... Le régiment entra au service du roi de France, et nous partîmes pour Paris.. Moi aussi, j'étais aux Tuileries, dans la nuit du 10 août.
GERTRUDE.
Oh! alors, vous avez dû connaître mon Karl?...
KUNTZ.
Assez!...
KARL.
Nous étions arrivés depuis un mois seulement... et nous étions quatre mille Suisses aux Tuileries, dans la nuit du 10 août... Je n'ai pas connu votre fils.
GERTRUDE, à part.
Dernier espoir, adieu!...
KARL.
J'eus le bonheur de sauver un grand seigneur... je le fis fuir par une porte dérobée... A son tour, il ne voulut pas que je le quittasse : il m'emmena chez sa sœur, où nous nous déguisâmes tous deux... Puis nous quittâmes la France, et nous nous embarquâmes pour Saint-Domingue... Il avait sauvé une dizaine de mille francs; c'était tout ce qui lui restait de sa fortune.
KUNTZ.
Alors, vous avez traversé les mers et visité le nouveau monde?
GERTRUDE.
Les hommes y sont-ils plus heureux que dans celui-ci?

KARL.

Oui, quand ils ne sont pas maudits... Hors cela, c'est dans le nouveau monde comme dans l'ancien... Mon compagnon... je ne dirai pas mon maître, car il me traitait en ami... acheta des plantations et fit fortune... Hélas ! sans moi, le digne homme vivrait encore, peut-être... J'eus la fièvre jaune, et lui, en me soignant, la gagna... J'en guéris, et il en mourut... Pourquoi la mort ne m'a-t-elle pas enlevé, moi, coupable d'un meurtre !... il me semble que c'était moi qui devais appartenir à la mort... Mais non, je vécus... et j'héritai... Son testament m'instituait son légataire universel... Je vendis ses plantations, je réalisai ma fortune, et je m'embarquai pour l'Europe...

KUNTZ.

Pourquoi revenir en Europe?... Il me semble que, si je pouvais m'en éloigner, moi, je serais bien heureux...

KARL.

Oui, vous, peut-être, qui n'avez plus rien qui vous attache au monde ; mais, moi, j'ai un père et une mère, voyez-vous ! A deux mille lieues d'ici, il me semblait toujours entendre le bruit de nos cascades, voir les pics neigeux de nos montagnes... Une voix qui s'élevait du fond de nos lacs, du sein de nos glaciers, de la surface de nos prairies, semblait me dire : « Viens !... viens !... mais viens donc !... » Les clochettes de nos troupeaux sonnaient miraculeusement à mon oreille ; chaque tintement murmurait : « La paix t'attend là-bas !... nous t'annonçons la paix, viens où la paix t'attend !... » Une étoile semblait me tracer mon chemin, du monde nouveau vers le vieux monde... Puis, je me trompais peut-être, il me semblait que la bénédiction de mes parents était de l'autre côté de la mer... Enfin, je suis venu... venu en fils repentant et fidèle... J'apporte de quoi les enrichir... et le pardon qu'ils eussent refusé à mes larmes, eh bien, lorsque, demain, mon or arrivera, peut-être l'accorderont-ils à mon or !...

GERTRUDE.

Oh ! je réponds de votre mère, moi... Votre mère vous pardonnera, soyez tranquille... Et voilà le père qui vous dira que, s'il revoyait notre pauvre Karl...

KUNTZ.

Femme, je t'ai déjà dit de ne plus prononcer ce nom...

KARL.

Vous êtes bien dur, monsieur Kuntz !

KUNTZ.

Mais non... A quoi bon parler sans cesse des morts ?... Voyons, finissons-en... Vous êtes venu nous demander l'hospitalité, n'est-ce pas ?...

KARL.

Oui.

KUNTZ.

Je vous ai dit que je n'avais à vous offrir que ce cabinet pour chambre, et une botte de paille pour lit... Voici le cabinet... Je vais vous chercher la botte de paille.

KARL.

Oui, allez !

KUNTZ, à part.

Je ne m'en dédis pas, c'est un singulier voyageur que j'ai reçu ce soir.

(Il sort.)

SCÈNE IV

KARL, GERTRUDE.

KARL, qui a suivi Kuntz des yeux.

Mère Trude, vous n'êtes pas comme votre mari, vous aimez toujours votre fils, vous, n'est-ce pas ?

GERTRUDE.

Oh ! oui... pauvre enfant !

KARL.

Eh bien, écoutez... à vous... je veux vous avouer ce que je n'ai pas voulu lui dire, à lui : j'ai connu Karl.

GERTRUDE.

Vous avez connu Karl ?... vous avez connu mon enfant ?...

KARL.

Oui, nous combattions ensemble, près l'un de l'autre, à cette fameuse journée du 10 août.

GERTRUDE.

Et vous l'avez vu tomber ?...

KARL.

Il vit !

GERTRUDE.

Mon enfant vit !... vous pouvez m'assurer cela, me le jurer sur l'Évangile ?

KARL.

Sur l'Évangile, je vous le jure.

GERTRUDE.

Et je le reverrai ?... mes pauvres yeux qui ont tant pleuré reverront mon enfant ?

KARL.

Oui.

GERTRUDE.

Monsieur... oh ! mon Dieu !... excusez... pardonnez... oh ! laissez-moi vous embrasser, vous qui me donnez des nouvelles de mon fils !...

KARL.

Oh ! bien volontiers.

SCÈNE V

Les Mêmes, KUNTZ, de la porte.

KUNTZ.

Voici la paille.

GERTRUDE.

Eh bien, jette-la là, dans le cabinet.

KUNTZ.

Apporte la lampe par ici, afin que j'y voie.

GERTRUDE, bas, à Karl.

Attendez-moi, je reviens... Vous me direz encore un mot de mon pauvre Karl.

SCÈNE VI

KARL, seul un instant ; GERTRUDE et KUNTZ, dans le cabinet.

KARL.

Ah ! si je pouvais, par ma mère... par ma mère, qui ne m'a pas maudit... si je pouvais faire lever la malédiction paternelle !...

GERTRUDE, revenant.

Vous disiez donc que mon fils... ?

KARL.

Serait déjà chez vous, près de vous, s'il ne savait pas que son père ne lui pardonne que parce qu'il le croit mort.

GERTRUDE.

C'est vrai... Et cependant, si Kuntz le revoyait...

KARL.

Croyez-vous ?...

GERTRUDE.

J'espère !...

KARL.

Eh bien, écoutez : je vous confie la cause du pauvre Karl... Priez pour lui, implorez... tâchez de lever la malédiction qui pèse sur lui... La malédiction seule lui défend le seuil de cette porte.

GERTRUDE.

Oh ! oui, je ferai tout ce que je pourrai... Mais voilà l'homme qui revient... Silence !...

SCÈNE VII

Les Mêmes, KUNTZ.

KUNTZ.

Allons, bonne nuit, notre hôte !... je viens de vous arranger votre litière.

KARL.

Bonne nuit !... Aurez-vous l'obligeance de m'éveiller demain au point du jour ?...

KUNTZ.

Oh ! soyez tranquille ; si ce n'est pas moi qui vous éveille, ce seront les archers...

KARL.

Les archers ! que voulez-vous dire ?

GERTRUDE.

Hélas ! oui, mon bon monsieur, nous sommes condamnés à la prison.

KARL.

Vous ?... vous ?...

GERTRUDE.

Oui, tous deux.

KARL.

Et qu'avez-vous fait, grand Dieu ?...

KUNTZ.

Faute d'argent, nous avons oublié de payer une lettre de change.

KARL.

Ah ! Dieu merci, le crime n'est pas grand !...

KUNTZ.

Assez grand pour nous faire mettre sous les verrous pendant le reste de nos jours.

KARL, à part.

Oh ! j'arrive à temps pour les sauver... et quand, demain, je les aurai sauvés, il faudra bien qu'il me pardonne !... (Haut.) N'importe ! tâchez de m'éveiller avant que les autres viennent.

KUNTZ.

Ah ! ah ! il paraît que vous n'aimez pas avoir affaire à dame justice ?... Bon ! chacun connaît ses raisons de fuir ou de chercher les gens...

GERTRUDE.

Jusque-là, au moins, dormez en paix...

(Elle allume la lanterne de Karl et la lui donne.)

KUNTZ.

Et faites le signe de la croix, de peur du malin.

KARL.

Bonne nuit, mes hôtes ! à demain !

KUNTZ.

C'est à-dire à aujourd'hui ; car, depuis deux heures déjà, nous sommes au 24 février.

KARL.

Espérons que celui-ci fera oublier les autres.

(Il entre dans le cabinet.)

KUNTZ.

Oui, espérons !... Au fait, pourquoi ne pas espérer jusqu'au dernier moment ?... Satan espère bien, lui qui cependant est maudit pour l'éternité.

GERTRUDE.

Allons, ne parle pas de malédiction... Depuis deux heures, on n'entend que ce malheureux mot dans la maison !

KUNTZ.

Eh bien, que fais-tu?...

(Elle s'approche de la cloison.)

GERTRUDE.

Je remets le couteau à son clou.

KARL, dans le cabinet.

Me voilà donc revenu sous le toit où j'ai vu le jour!... Brise-toi, mon bâton de voyage! je suis à la fin de ma course.

KUNTZ.

Eh bien, voilà que tu écoutes, voilà que tu regardes... Fi donc ! espionner notre hôte !...

GERTRUDE.

Il défait sa ceinture... Il la met à son chevet... Il paraît qu'elle est bien garnie.

KUNTZ.

Qui te dit cela?

GERTRUDE.

Dame, on entend sonner l'or.

KUNTZ.

Je crois que celui auquel elle appartenait avant de lui appartenir, à lui, n'a plus de maux de tête...

GERTRUDE.

Que veux-tu dire?...

KUNTZ.

Rien, couche-toi.

KARL.

C'est dans ce petit cabinet que mon enfance a été bercée et endormie par le cor des Alpes... Pourquoi ce songe m'est-il échappé?

GERTRUDE.

Il parle tout seul.

KUNTZ.

Que dit-il?...

GERTRUDE.

J'entends mal, je crois seulement qu'il est question d'or.

KUNTZ, frappant du pied.

Va te coucher, te dis-je!

GERTRUDE.

J'y vais, ne te mets pas en colère... N'y viens-tu pas aussi?

KUNTZ.

Tout à l'heure!...

GERTRUDE.

Il nous a donné un bon souper.

KUNTZ.

Oui, pareil à celui qu'on donne au criminel avant son exécution.

GERTRUDE.

Dis donc, père?...

KUNTZ.

Quoi encore?...

GERTRUDE.

Il nous a parlé de notre fils...

KUNTZ.

Que Dieu me damne, femme! si tu ne te tais pas, si tu reviens encore sur ce sujet, cette nuit, je m'enfuis de la maison.

GERTRUDE.

Mon Dieu! Kuntz, ne t'emporte pas ainsi... Enfin, si le pauvre enfant que l'on nous a dit mort était vivant? si notre pauvre Karl revenait?... Celui-là était bien aux Tuileries dans la journée du 10 août, comme Karl... et il en est bien revenu!...

KUNTZ.

Femme! foi de soldat, tu me feras perdre patience... N'as-tu donc pas lu toi-même, dans le bulletin imprimé, que, de tout le bataillon où se trouvait Karl, il n'avait pas survécu un seul homme?... Cet étranger ment, quand il dit qu'il y était... Il ment, ou c'est un lâche... S'il y était, pourquoi n'est-il pas mort comme les autres?... Revenir!... Karl!... c'est comme si tu disais que notre père va revenir pour recommencer à menacer et à crier!... Non, non, non, va, nul de ceux qui ont passé le pont de la mort n'est revenu sur ses pas.

GERTRUDE, se couchant.

C'est égal, je voudrais bien savoir quel est cet étranger...

KUNTZ.

Quelque drôle qui se gardera bien de te le dire.

GERTRUDE.

Il a laissé son vin... Bois un coup, cela te réchauffera.

KUNTZ.

A sa prospérité!

(Il boit.)

GERTRUDE.

Ainsi soit-il!...

KUNTZ.

Moi aussi, je voudrais dire : Ainsi soit-il!... Mais, depuis l'action maudite, je ne puis... Enfin... heureusement, je n'ai plus longtemps à souffrir... Demain, tout sera fini.

GERTRUDE, rêvant.

Hélas! mon Dieu!

KUNTZ.

Quoi?... Rien... Elle rêve et gémit même en rêvant... En vérité, cette maison est bien une maison maudite... Je suis sûr que cela portera malheur à ce chasseur, d'y être entré... Ce serait cependant fâcheux, un homme qui achète de si bon vin... pour le faire boire aux autres, car il n'en a pas bu une goutte... Ce que c'est que d'avoir de l'or!... Eh bien, qu'il garde son or; moi, j'ai son vin... Ce n'est pas son vin qu'il me faudrait, c'est son or!... Allons, bien! quel est le nouveau démon qui vient me tenter?...

GERTRUDE, rêvant.

« Pourquoi ton glaive est-il si rouge,
   Mon chevalier?... »

KUNTZ.

Bon! la voilà qui chante en dormant!... C'est à faire frémir, ma parole d'honneur!

GERTRUDE.

« — Je viens de tuer, dans son bouge,
   Un sanglier... »

KUNTZ.

Oh! ceci m'effraye... Elle étouffe... Quelque mauvais rêve la tourmente, il faut que je l'éveille.

GERTRUDE.

« ...Frissonne!
Est-ce de peur?
— N'entends-tu pas minuit qui sonne?
Malheur! malheur! »

(Karl s'est mis à genoux, comme pour prier.)

KUNTZ.

Trude! Trude! éveille-toi!

GERTRUDE, s'éveillant.

Qu'y a-t-il donc?

KUNTZ.

Tu chantes en dormant... Ce n'est pas naturel.

GERTRUDE.

Je chantais ?... J'ai cependant le cœur bien serré... Que chantais-je donc?

KUNTZ.

La chanson... du *Chevalier parricide*... J'ai froid !

GERTRUDE, se levant.

Moi aussi !

KUNTZ.

C'est la fièvre... Je crois que ce damné voyageur nous a ensorcelés... Ah ! si je croyais cela... Voleur d'or !...

GERTRUDE.

Pourquoi l'appelles-tu voleur d'or, ce bon jeune homme?

KUNTZ.

Ne crois-tu pas qu'il a hérité de cette ceinture que tu lui as vu poser sous son chevet?... Oui, comme on hérite à la guerre en fouillant un mort. (La pendule sonne trois heures.) Comme cette pendule marche! on dirait qu'elle est pressée de voir paraître les archers... J'ai froid !... Fais du feu.

GERTRUDE.

Ai-je du bois?...

KUNTZ.

Bah ! prends le manche de la faux... Demain, nous n'aurons plus besoin de toi, instrument de malheur!... et, depuis longtemps, tu as mérité le feu.

GERTRUDE.

Il me prend un frisson, toutes les fois que je touche...

KUNTZ.

Attends... Tiens !... (Il brise le manche.) Voilà du bois... du bois sec... du bois mort...

KARL.

En vérité, la prière fait du bien ! c'est une dernière grâce du Seigneur qui a toujours permis que je puisse prier... Ah! me voilà l'esprit léger et le cœur calme... Allons, deux ou trois heures de bon sommeil me donneront le courage... Il doit y avoir là un clou...

(Il cherche à accrocher son manteau, le clou tombe, et le manteau avec lui.)

KUNTZ.

Hein !... Quelque chose vient de tomber... Il ne dort donc pas encore?...

(Il s'approche de la cloison.)

KARL.

Ce clou ne peut plus supporter le poids de mes habits... Il est vrai qu'ils sont maintenant plus grands et plus lourds que lorsque j'ai quitté la maison.

(Il prend son bâton et se sert du fer comme d'un marteau pour enfoncer le clou; l'ébranlement qu'il donne à la cloison fait tomber le couteau, accroché de l'autre côté.)

GERTRUDE.

Ah !

KUNTZ.

Eh bien, quoi ! c'est le couteau qui vient de tomber, voilà tout.

GERTRUDE.

Le couteau !

KUNTZ.

Oui... (Après un silence.) Une idée, femme !...

GERTRUDE.

Je doute qu'elle soit bonne, à la façon dont tu me dis cela.

KUNTZ.

Cet homme n'a-t-il pas avoué qu'il était un meurtrier ?

GERTRUDE.

Non, non !

KUNTZ.

Si... Je te dis, moi, qu'il a avoué avoir commis un meurtre. Or, tout le monde peut arrêter un assassin et le remettre aux mains de la justice. As-tu entendu comme il a dit : « Éveillez-moi avant que les archers viennent !... » Je suis bien sûr que, si je lui disais : « Donnez-moi votre or, ou je vous fais arrêter comme meurtrier !... » je suis bien sûr qu'il me donnerait son or, et trop heureux de me le donner, encore !

GERTRUDE.

Oh ! mon Dieu ! mon Dieu ! pourquoi toutes ces idées ?... Viens te réchauffer, puisque voilà du feu.

KUNTZ.

Donc, si je le lui prends, il n'a rien à dire, puisque je pouvais faire pis, et que je ne le fais pas.

GERTRUDE.

Pour l'amour de Dieu, mon bon Kuntz !...

KUNTZ.

Je pourrais même le tuer... Personne ne dirait rien : les meurtriers sont hors la loi.

GERTRUDE.

Oh! par les plaies de Notre-Seigneur! tais-toi, homme! tais-toi!

KUNTZ.

Allons, allons, c'est bien, n'en parlons plus... L'or de ce voleur nous sauvait; mais il est écrit que nous ne devons pas être sauvés. On dit que, le jour même où une mère achète le berceau de son nouveau-né, Dieu marque sa tombe... Ma tombe, à moi, c'est le lac de Dauben.

GERTRUDE.

Mais tu veux donc me faire mourir!

KUNTZ.

Dame, il n'y a pas de milieu : avec cet argent, le salut; sans cet argent, la mort! Quel est le plus grand crime, Trude, du vol ou du suicide?

GERTRUDE.

Hélas! mon père disait toujours que le plus grand des crimes était le suicide, parce que c'était le seul qui fût sans repentir.

KUNTZ.

Alors, je serais bien bon de le commettre, quand la loi elle-même est pour moi... Eh! sans doute, la loi... Prendre ce qui a été pris est permis par la loi... Et tu sais le proverbe : « Un voleur qui en vole un autre, le diable ne fait qu'en rire. »

GERTRUDE, l'arrêtant.

Mon homme! mon bon Kuntz!

KUNTZ.

Allons! c'est chose résolue, je ne veux pas aller en prison, je ne veux pas aller dans le lac... Eh! pardieu! je serais bien bon!... quand j'ai là, sous la main...

GERTRUDE.

Soit fait comme tu voudras... Mais, de cet or, je n'en toucherai pas une pièce; de cet or, je m'en lave les mains.

KUNTZ.

Bon! sois tranquille... je prends la chose sur moi... (Il heurte le couteau du pied.) Qu'est cela? Oh! oh! c'est toi, mon vieux camarade! A tout hasard, je te prends avec moi.

GERTRUDE.

Oh! tu ne veux pas répandre le sang, n'est-ce pas?

KUNTZ.

Non, certainement; mais un vieux soldat prend ses précautions.

GERTRUDE.

Kuntz, tu n'entreras pas avec ce couteau dans le cabinet!

KUNTZ.

Eh bien, soit, puisque tu as si grand'peur qu'il n'arrive malheur à ce bandit. Entres-y, toi... Je boirai un coup pendant ce temps-là.

GERTRUDE.

Que j'y entre, moi!... Pour quoi faire?

KUNTZ.

Tu sais où il a mis la ceinture, et tu auras le pied plus léger que moi.

GERTRUDE.

Moi?... Oh! non!... jamais!... jamais!

KUNTZ.

Alors, laisse-moi donc faire.

GERTRUDE.

Écoute, Kuntz... Avant que tu entres, je veux te dire une chose.

KUNTZ.

Dis.

GERTRUDE.

Ce jeune homme, fût-il un meurtrier, doit être sacré pour nous.

KUNTZ.

Et à quel titre?

GERTRUDE.

Il était porteur d'une bonne nouvelle.

KUNTZ.

Laquelle?

GERTRUDE.

Père!...

KUNTZ.

Voyons, parle!

GERTRUDE.

Père, notre Karl n'est pas mort! père, notre enfant vit!

KUNTZ.

Et tu appelles cela une bonne nouvelle, toi?... Oh! quand ce ne serait qu'à cause de cette nouvelle, messager de malheur!...

GERTRUDE.

Kuntz, je te dis une chose... Je ne t'empêche pas d'entrer dans le cabinet du voyageur, de le voler, de prendre son or... mais, si tu entres avec ce couteau, je crie, j'appelle, je le réveille !

KUNTZ, levant le couteau.

Ah ! tu veux donc que je commence par toi, alors?

GERTRUDE, tombant à genoux.

Non ! non !... Je me tais, je me tais... Mais contente-toi de prendre sa ceinture.

KUNTZ.

Eh bien, laisse-moi, alors... C'est le moyen que j'y voie, et que je fasse le coup sans bruit... Quand nous aurons la ceinture, nous prendrons dedans la somme qu'il nous faut, puis nous la remettrons à sa place... Demain, il partira sans compter son argent... et quittera la maison sans même se douter de ce qui sera arrivé.

GERTRUDE.

Ah ! oui... Ainsi, c'est mieux.

KUNTZ.

Prends la lampe, et viens !

GERTRUDE.

Mon Dieu ! pardonnez-nous ce que nous allons faire !

KUNTZ.

Mais viens donc !...

KARL, rêvant.

Oh ! mon père !... Malheureux ! la malédiction, toujours !

GERTRUDE.

Kuntz !...

KUNTZ.

Oui, oui, j'entends ! Ce que nous voulons accomplir est contre les commandements de Dieu, et nous ferions mieux de laisser tout cela... Hein ! ne penses-tu pas ainsi?

GERTRUDE.

Oh ! Kuntz ! Kuntz ! c'est notre bon ange qui t'inspire cette idée !

KUNTZ.

Oui, par ma foi ! il vaut mieux mourir sans crime !... (Tout à coup, avec un cri d'effroi.) Ah !...

GERTRUDE.

Bon Dieu ! qu'as-tu?

KUNTZ.

Est-ce que tu ne vois pas?

GERTRUDE.

Non.

KUNTZ.

Là! là!...

GERTRUDE.

Quoi?

KUNTZ.

Là... dans son fauteuil... le vieux!

GERTRUDE, tombant à genoux.

Miséricorde!...

(Elle se cache la tête dans ses mains.)

KUNTZ, avec une sorte d'égarement.

Oui, oui, tu me fais signe, je le vois bien... La ceinture est sous sa tête... Reviens-tu donc exprès de là-bas, pour me la montrer?... Oh! ma foi! puisque les morts s'en mêlent...

(Il entre dans le cabinet.)

GERTRUDE.

Kuntz!...

KUNTZ.

Tais-toi! tais-toi!...

(Il s'approche du lit en rampant.)

KARL, se réveillant en sursaut, pendant que Kuntz cherche à lui prendre sa ceinture.

Au voleur!... à l'assassin!...

KUNTZ, le frappant de son couteau.

Assassin toi-même!... Oui, toi! toi!... tu l'as dit!

KARL.

Moi?... Je suis votre fils... et vous me donnez la mort!

GERTRUDE, se précipitant vers lui.

Mon fils!...

(Kuntz recule épouvanté.)

KARL, dans un suprême effort, se lève et tire de son sein un papier qu'il présente à son père.

Oui, votre fils... je le suis!... Tenez... lisez!

(Il retombe dans les bras de Gertrude.)

KUNTZ, saisissant le papier, et se penchant vers la lampe, qui est à terre.

C'est un passe-port... (Lisant.) « Karl Kurruth, de Schwarrbach... » (Le papier lui échappe des mains.) Ah! malheureux!... maudit! maudit! tu as tué ton fils!...

10.

GERTRUDE, *retroussant la manche du bras gauche de Karl.*

Oui, là, sur le bras, il a le signe de la faux!... C'est lui! c'est mon fils!... (*Se dressant devant Kuntz.*) Allons, prends-moi aussi la vie, assassin de ton enfant!...

KARL, *se soulevant, à Kuntz et à Gertrude.*

Écoutez!... écoutez, tous deux... Votre père vient de vous pardonner... Vous avez expié sa malédiction...

KUNTZ, *se jetant à genoux près de lui.*

Mais, toi, toi, me pardonnes-tu?

KARL.

Oui... mon père!

KUNTZ.

Et Dieu... me pardonnera-t-il, lui?...

KARL.

Ainsi soit-il!...

(Il retombe inanimé.)

GERTRUDE.

Ah! il meurt! il meurt!...

KUNTZ, *se relevant.*

Tout est fini!... La volonté du Ciel s'accomplisse!... Je cours moi-même me livrer à la justice et dénoncer l'assassinat... Alors, après le coup de hache du bourreau, que celui pour qui rien n'est caché, que Dieu soit mon juge!... C'était encore un 24 février... Ah! le malheureux jour!... Seigneur! Seigneur! votre miséricorde est infinie!...

(*Le jour commence à poindre. La porte s'ouvre : des Archers paraissent sur le seuil.*)

FIN DU VINGT-QUATRE FÉVRIER.

LA
CHASSE AU CHASTRE

FANTAISIE EN TROIS ACTES, EN SEPT TABLEAUX

Théâtre Historique. — 3 août 1850.

DISTRIBUTION

LOUET...	MM. NUMA.
LE CAPITAINE GARNIER.........................	ALF. ROGER.
ERNEST..	PEUPIN.
UN CHEF DE BANDITS............................	EMMANUEL.
LE LIEUTENANT....................................	BARRÉ.
UN AUBERGISTE....................................	VIDEIX.
UN VETTURINO.....................................	LINGÉ.
UN ANGLAIS...	DÉSIRÉ.
DEUXIÈME ANGLAIS...............................	PAUL.
UN VOYAGEUR......................................	SERRES.
DEUXIÈME VOYAGEUR............................	TOURNOT.
L'HÔTELIER...	BAUDOUIN.
UNE SENTINELLE...................................	MALINES.
UN DOMESTIQUE...................................	LANGLOIS.
UN MARIN..	ARMAND.
UN BRIGADIER......................................	MARCHEVILLE.
ZÉPHIRINE...	Mme REY.

ACTE PREMIER

PREMIER TABLEAU
La salle à manger de l'hôtel d'*York*, à Nice.

—

SCÈNE PREMIÈRE

DEUX ANGLAIS, déjeunant; L'HÔTELIER.

PREMIER ANGLAIS.

Monsieur le hôte!

DEUXIÈME ANGLAIS.

Monsieur le hôte !

L'HÔTELIER.

Me voilà, milord.

PREMIER ANGLAIS.

Venez ; je voulé parlé à vous.

L'HÔTELIER.

Milord, c'est trop d'honneur !

PREMIER ANGLAIS.

Houi !

L'HÔTELIER.

Que veut me dire milord ?

PREMIER ANGLAIS.

Je voulé dire à vous que j'été mécontent...

L'HÔTELIER.

Oh ! oh !

PREMIER ANGLAIS.

Très-mécontent !

L'HÔTELIER.

Et de quoi, milord ? serait-ce de l'appartement ?

PREMIER ANGLAIS.

No ; il été confortable, le appartement.

L'HÔTELIER.

Serait-ce de la table ?

PREMIER ANGLAIS.

No ; il été bonne, le table.

L'HÔTELIER.

Serait-ce du service de l'hôtel ?

PREMIER ANGLAIS.

No ; le service, il être très-bien fait. Mais voilà mon ami quel être mécontent comme moi.

L'HÔTELIER.

Mais enfin, de quoi, milord ?

PREMIER ANGLAIS.

On nous avait promis de la miousique.

L'HÔTELIER.

Ah ! oui, c'est vrai, une basse de Paris, M. Rabatoni.

PREMIER ANGLAIS.

Djustement, M. Rabatoni.

L'HÔTELIER.

Ah ! monsieur, ce n'est pas ma faute, je vous ai annoncé la

nouvelle comme je l'ai reçue. M. Rabatoni devait venir donner trois soirées à Nice ; voilà même son instrument, qui était arrivé d'avance. Il n'est pas venu, je n'y puis rien.
PREMIER ANGLAIS.
C'est que je quitterai Nice, s'il n'y a pas de miousique, à Nice, moi.
L'HÔTELIER.
Milord, ce sera un grand malheur pour Nice, et un plus grand malheur encore pour l'hôtel d'*York*.
PREMIER ANGLAIS.
Et j'aurais donné, pour ma part, vingt-cinq livres sterling pour entendre de la miousique.
L'HÔTELIER.
Mais, pour cette somme, milord eût voulu certainement de bonne musique ?
PREMIER ANGLAIS.
Oh ! cela m'est égal.
L'HÔTELIER.
Eh bien, mais alors, il me semble... (Se retournant.) Tiens, qu'est-ce que cet homme-là ?
(Pendant que l'Hôtelier causait avec les Anglais, Louet, en veste de chasse, traînant son fusil, le bas de son pantalon en lambeaux, est entré et s'est laissé tomber sur une chaise.)
PREMIER ANGLAIS, sortant.
Vous avez entendu moi, n'est-ce pas ?
L'HÔTELIER.
Oui, milord.
PREMIER ANGLAIS.
Je quitté Nice dès demain, si je n'avais pas ce que je demandé, et, si je l'avé, je donné vingt-cinq livres sterling, et mon ami aussi.
DEUXIÈME ANGLAIS.
Je donné vingt-cinq livres sterling aussi, moi.
L'HÔTELIER.
Milord, on fera ce que l'on pourra.
(Les Anglais sortent.)

SCÈNE II

L'HÔTELIER, LOUET.

L'HÔTELIER.
Monsieur paraît bien fatigué ?

LOUET.

Pas fatigué, monsieur : rendu, c'est le mot.

L'HÔTELIER.

Monsieur a faim peut-être?

LOUET.

C'est-à-dire que je meurs d'inanition.

L'HÔTELIER.

Alors, monsieur désire?...

LOUET.

Une chambre pour un, et un dîner pour quatre.

L'HÔTELIER.

Monsieur attend trois de ses amis?

LOUET.

Faites toujours, faites!

L'HÔTELIER, à la cantonade.

Préparez la chambre n° 17, servez un dîner pour quatre. (Se retournant vers Louet.) Monsieur peut-il m'expliquer comment il arrive à cette heure? Toutes les diligences sont passées, et, à moins que monsieur n'ait sa voiture...

LOUET.

Ma voiture, monsieur? (Montrant ses jambes.) La voilà, ma voiture.

L'HÔTELIER.

Et d'où venez-vous ainsi et par cette chaleur?

LOUET.

De Marseille, monsieur, de Marseille!

L'HÔTELIER.

Comment! monsieur, vous venez de Marseille à pied, comme cela, en chassant? Mais il y a soixante lieues, monsieur, de Marseille à Nice.

LOUET.

Aussi, monsieur, c'est toute une aventure.

L'HÔTELIER.

Qui doit être curieuse?

LOUET.

Oui, monsieur; mais, comme le récit serait un peu long, le récit pourrait vous paraître ennuyeux.

L'HÔTELIER.

Comment donc, monsieur, ennuyeux? le récit d'un homme qui a commandé un souper pour quatre? Jamais!

LOUET.

Monsieur, il faut vous dire que je suis chasseur.

L'HÔTELIER.

Je le vois, monsieur.

LOUET.

Chasseur et Marseillais. D'ailleurs, tout Marseillais est chasseur.

L'HÔTELIER.

J'ai toujours entendu dire cela, oui, monsieur, et la chose m'a d'autant plus étonné, que j'ai entendu dire, en même temps, qu'il n'y a pas de gibier sur le territoire...

LOUET.

Effectivement, monsieur, le gibier n'est pas commun aux environs de Marseille; je dirai même qu'il est rare; mais nous avons le passage des pigeons.

L'HÔTELIER.

Comment, le passage des pigeons? Il passe donc des pigeons à Marseille?

LOUET.

Sans doute.

L'HÔTELIER.

En êtes-vous bien sûr?

LOUET.

Mais par milliers, monsieur! au point que l'air en est obscurci.

L'HÔTELIER.

Je ne crois pas au passage des pigeons; j'en ai beaucoup entendu parler, mais je ne l'ai jamais vu.

LOUET.

Monsieur, voyez *les Pionniers* de M. Cooper, le passage des pigeons y est positivement constaté.

L'HÔTELIER.

Oui, constaté en Amérique.

LOUET.

Eh bien, monsieur, si les pigeons vont en Amérique, pourquoi ne passeraient-ils point par Marseille pour y aller? Les bâtiments qui vont, d'Alexandrie et de Constantinople, en Amérique y passent bien.

L'HÔTELIER.

C'est juste, monsieur, et je n'ai plus rien à dire.

LOUET.

Je disais donc, monsieur, que nous avons la passée des pigeons. (A part.) Il se tait, il est convaincu. (Haut.) Vous comprenez bien qu'un chasseur ne laisse point s'écouler une époque comme celle-là, sans se mettre, tous les matins, à l'affût. Il y a trois jours, j'étais donc à mon poste, avant le jour, comme d'habitude. J'avais attaché au haut d'un pin mon pigeon privé, qui se débattait comme un diable, quand tout à coup il me semble voir, à la lueur des étoiles, un animal qui se pose sur mon arbre. A force de regarder, je reconnais que cet animal est un oiseau, et que cet oiseau est un chastre.

L'HÔTELIER.

Qu'est-ce qu'un chastre?

LOUET.

Vous ne connaissez pas le chastre, monsieur? C'est un oiseau qui n'a pas son pareil au monde : le fumet du pluvier et le goût de l'ortolan.

L'HÔTELIER.

Peste!

LOUET.

Je sors tout bonnement le canon de mon fusil de ma hutte, monsieur... J'étais caché dans une hutte... J'étais d'aplomb, et, quand je le tiens bien là, j'appuie sur la gâchette... Monsieur, j'avais eu l'imprudence de ne pas décharger mon fusil; mon fusil, chargé de la veille, fait long feu.

L'HÔTELIER.

Ah! diable!

LOUET.

N'importe! je vis bien, à la manière dont l'oiseau s'était envolé, qu'il en tenait; je le suivis jusqu'à sa remise, puis je reportai les yeux sur mon arbre... Monsieur, chose étonnante! j'avais manqué le chastre, mais j'avais coupé la ficelle de mon pigeon.

L'HÔTELIER.

De sorte que votre pigeon était parti?

LOUET.

Justement, monsieur! Je compris que, ce jour-là, n'ayant plus de pigeon pour appeler les autres, je perdrais mon temps à mon poste; je me décidai, en conséquence, à me mettre à la poursuite de mon chastre. Malheureusement, je n'avais pas de chien; il me fallut donc battre les buissons moi-même; mon gredin de chastre avait couru à pied, monsieur; il partit derrière moi quand je le croyais devant : je me retournai au bruit de ses ailes, et lui envoyai mon coup de fusil au vol... un coup de fusil perdu, comme vous comprenez bien... Cependant, je vis voler des plumes.

L'HÔTELIER.

Vous vîtes voler des plumes?

LOUET.

Oui, monsieur; j'en retrouvai même une que je mis à ma boutonnière.

L'HÔTELIER.

Si vous vîtes voler des plumes, c'est qu'il était touché.

LOUET.

C'est mon opinion; aussi, je m'élançai à sa poursuite. Mais l'animal était sur pied; il partit à plus de cent pas. N'importe, je lui envoyai tout de même mon coup de fusil. Un grain de plomb, après tout, on ne sait pas où cela va!

L'HÔTELIER.

Ni d'où ça vient, monsieur; moi, j'en ai reçu un jour...

LOUET.

Ah! diable! dans le visage?

L'HÔTELIER.

Non, monsieur, au contraire; mais n'importe, cela cingle joliment.

LOUET.

Heu!... En tout cas, l'animal dut avoir grand'peur! car il fit un troisième vol de plus d'un quart de lieue.

L'HÔTELIER.

Ouais!

LOUET.

Mais, c'est égal, du moment qu'il était posé, comme j'avais juré de le rejoindre, je me mis à sa poursuite. Ah! le brigand! il savait bien à qui il avait affaire! il partait à des cinquante, à des soixante pas, n'importe, monsieur, je tirais toujours; j'étais comme un tigre! si je l'avais tenu, je l'aurais dévoré vivant. Ce n'était plus du sang que j'avais dans les veines, c'était du vitriol; nous autres têtes de feu, l'irritation nous rend féroces. Mais le maudit chastre, monsieur, il était ensorcelé; on eût dit l'oiseau du prince Camaralzaman. Je marchais toujours, je tirais de deux cents pas en deux cents pas. Je dévorais l'espace ; je laissai à ma droite Cassis et la Ciotat, je m'élançai dans la grande plaine qui s'étend de Lisle à Saint-Cyr. Il y avait quinze heures que je marchais sans m'arrêter, tantôt à droite, tantôt à gauche ; si c'eût été en droite ligne, j'eusse dépassé Toulon ; les jambes me rentraient dans le ventre. Quant au diable de chastre, il n'y paraissait pas... Enfin, je vis venir la nuit ; à peine me restait-il une demi-heure de jour pour rejoindre mon infernal oiseau ! Je fis vœu à Notre-Dame de la Garde de lui accrocher dans sa chapelle un chastre d'argent si j'arrivais à rejoindre le mien... Pécaïre ! sous prétexte que je n'étais pas marin, elle fit semblant de ne pas m'entendre. La nuit venait de plus en plus. J'envoyai à mon chastre un dernier coup de fusil de désespoir ; il aura entendu siffler le plomb, monsieur ; car, cette fois-là, il fit un tel vol, qu'il passa au-dessus du village de Saint-Cyr et se perdit au delà des maisons.

L'HÔTELIER.

Ah ! par exemple, monsieur, voilà qui était décourageant.

LOUET.

Aussi, étais-je découragé, oui, je l'avoue. Heureusement, j'avais un ami qui était aubergiste à l'enseigne de l'*Aigle noir*, à Saint-Cyr ; j'arrivai chez mon ami, je le priai de me faire préparer à souper, de me faire couvrir un lit, puis je lui racontai mon aventure. Il me fit expliquer où j'avais perdu de vue mon chastre. Je lui indiquai du mieux que je pus l'endroit, il réfléchit un instant ; puis : « Votre chastre ne peut être que dans les bruyères à droite du chemin, dit-il. — Justement ! m'écriai-je, c'est là que je l'ai perdu, et, s'il y avait de la lune, je vous y conduirais. — Eh bien, demain, au point du jour, me dit-il, si vous voulez, je prendrai mon chien, et nous irons le faire lever ! — Vous croyez que nous le retrouverons ? — J'en suis sûr ! — Bon ! n'y allez pas sans moi ! — Oh ! par exemple !... » Le soir, pour qu'il ne m'arrivât pas le même accident que le matin, je débourrai mon fusil et je le lavai. Il était sale, monsieur, que vous ne pouvez vous en faire une idée ! Le fait est que j'avais bien tiré soixante coups de fusil dans la journée, et que, si le plomb poussait, il y en aurait une belle traînée de Marseille à Saint-Cyr. Puis, cette précaution prise, je soupai, je me couchai, je dormis les poings fermés, et, à cinq heures du matin, mon hôte m'éveilla !

L'HÔTELIER.

Ah!

LOUET.

Je mis ma carnassière sur mon dos, je descendis, je remontai mon fusil, je tirai ma poire à poudre pour recharger : ma poire à poudre était vide! Heureusement, mon hôte avait des munitions ; il m'offrit de la poudre, j'acceptai ; je flambai mon fusil, je le rechargeai. J'aurais dû voir, au grain de cette maudite poudre, qu'il y avait quelque chose ; mais je n'y fis pas attention. Nous partîmes, mon hôte, moi et Soliman.

L'HÔTELIER.

Soliman?

LOUET.

Oui, son chien s'appelait Soliman. Un crâne chien tout de même! A peine étions-nous dans les bruyères, qu'il tombe en arrêt, ferme comme un pieu! « Voilà votre chastre, » me dit mon hôte. En effet, monsieur, devant son nez, mon chastre, monsieur! mon chastre à trois pas de moi! J'ajustai. « Mais que diable faites-vous? me dit mon hôte. Vous allez le mettre en cannelle, ce pauvre animal, sans compter que vous pourriez bien envoyer du plomb à mon chien ! » C'était juste, je me reculai. Soliman avait les quatre pattes fichées en terre, monsieur ; on eût dit le chien de Céphale. Le chien de Céphale fut changé en caillou, comme monsieur sait.

L'HÔTELIER.

Non, je ne savais pas.

LOUET.

Eh bien, ce pauvre animal eut ce malheur.

L'HÔTELIER.

Et Soliman?

LOUET.

Oui, revenons à Soliman. Soliman ne fut pas changé en caillou, lui, non ; il tenait l'arrêt, monsieur, que c'était une merveille ; il y serait encore, je crois, en arrêt, si son maître ne lui eût crié : « Pille! pille! » A ce mot, il s'élance, le chastre s'envole! Je l'encadre, monsieur, comme jamais chastre n'a été encadré ; je le tenais là au bout de mon fusil, hein! Le coup part, poudre éventée! « Ah! mon voisin, me dit mon hôte, si vous ne lui faites pas plus de mal que cela, il pourra bien vous conduire à Rome! — A Rome? m'écriai-je, Eh bien, oui, à Rome, quand il devrait m'y conduire, je l'y suivrai, à Rome! j'ai toujours eu envie d'aller à Rome, moi; j'ai toujours eu envie d'aller voir le pape; qui peut m'empêcher d'aller voir le pape? est-ce vous? » J'étais furieux, vous comprenez; s'il m'avait répondu la moindre chose, je lui aurais envoyé mon second coup dans le ventre.

L'HÔTELIER.

Bah!

LOUET.

Oui; mais il ne répondit rien, heureusement pour lui. Si fait, je me trompe, il me répondit.

L'HÔTELIER.

Vous voyez bien.

LOUET.

Il me répondit : « Ah! mon cher, vous êtes libre d'aller où vous voudrez. Bon voyage! Je vous laisse mon chien, voulez-vous? » L'offre me réconcilia avec lui. « Comment, si je le veux, je le crois bien! — Vous me le rendrez en repassant? — Soyez tranquille. — Allez, Soliman, allez avec monsieur. » Tout le monde sait qu'un chien de chasse suit le premier venu; aussi, Soliman me suivit, nous partîmes. Cet animal était l'instinct en personne; figurez-vous qu'il avait vu se remettre le chastre, il alla droit dessus; mais j'eus beau lui regarder sous le nez, je ne vis rien. Cette fois, monsieur, quand j'aurais dû le pulvériser, je ne lui aurais pas fait grâce. Pas du tout, pendant que je cherche, courbé comme cela, voilà mon diable de chastre qui s'envole, je lui envoie mes deux coups: pan! pan! poudre éventée! Soliman me regarde d'un air qui veut dire : « Qu'est-ce que cela? » Le regard de ce chien m'humilia. Je lui répondis comme s'il eût pu m'entendre: « Ce n'est rien, ce n'est rien, tu vas voir! » On eût dit qu'il me comprenait, ce chien. Il se remet en quête; au bout de dix minutes, il s'arrête. Un bloc, monsieur, un bloc! c'était toujours mon chastre; j'allai devant le nez du chien, piétinant comme si j'étais sur de la tôle rouge... Dans les jambes, monsieur, il me partit littéralement dans les jambes! Je ne me possédais pas assez, je tirai le premier coup trop près, et le second coup trop loin. Le premier coup fit balle et passa à côté du chastre, le second coup écarta trop et le chastre passa dedans. C'est alors qu'il m'arriva une de ces choses... oh! une de ces choses que je ne devrais pas répéter, si je n'étais pas si véridique ; ce chien, monsieur, ce chien, qui, du reste, était plein d'intelligence, ce chien me regarda un instant d'un air très-goguenard ; puis, s'en étant venu tout près de moi, tandis que je rechargeais mon arme, il leva la patte, monsieur, me fit de l'eau sur ma guêtre, et reprit le chemin par lequel il était venu. Vous comprenez que, si c'eût été un homme qui m'eût fait une pareille insulte, il aurait eu ma vie ou j'aurais eu la sienne ; mais que voulez-vous que l'on dise à un animal que Dieu n'a pas doué de raison ?

L'HÔTELIER.

Le fait est que l'incongruité était sanglante.

LOUET.

Sanglante, c'est le mot. Aussi, vous comprenez bien qu'elle ne fit qu'augmenter ma rage. De ce moment, le chemin de Marseille fut oublié. Je marchai comme le Juif errant. Le chastre s'envolait de cinq cents pas en cinq cents pas. De vols en vols, de remises en remises, devinez où j'arrivai, monsieur ? J'arrivai sur les bords d'un fleuve sans eau.

L'HÔTELIER.

C'était le Var !

LOUET.

Justement, monsieur, c'était le Var. Je le traversai sans me douter que j'avais franchi les limites du royaume et que je foulais une terre étrangère ; mais n'importe, je l'eusse su, que j'aurais avancé tout de même. Je voyais mon chastre sautiller à deux cents pas devant moi, sur un sol où il n'y avait pas une touffe derrière laquelle il pût se cacher. Je m'approchai, le mettant en joue de dix pas en dix pas. Il était à trois portées de fusil, monsieur, quand tout à coup un épervier, un coquin d'épervier, qui tournait en rond au-dessus de ma tête, se laisse tomber comme une pierre, empoigne mon chastre et disparaît avec lui.

L'HOTELIER.

Oh ! par exemple, c'est avoir du guignon.

LOUET.

Je restai anéanti, monsieur.

L'HOTELIER.

Il y avait de quoi.

LOUET.

C'est alors seulement que je ressentis toutes mes douleurs.

J'avais le corps couvert de plaies. Je tombai sur le bord de la route. Un paysan passa. « Mon ami, lui dis-je, y a-t-il une ville quelconque, une cabane, un village dans les environs ? — *Gnor, si,* me répondit-il, *è la citta di Nizza, un miglio avanti.* » Je compris que cela voulait dire qu'il y avait la ville de Nice un mille plus loin ; j'étais en Italie, monsieur. Il n'y avait pas deux partis à prendre ; je me relevai, je m'appuyai sur mon fusil comme sur un bâton. Je n'étais soutenu que par l'espérance, monsieur, et maintenant que l'espérance m'avait abandonné, je sentais toute ma faiblesse. Enfin, j'entrai dans la ville, je demandai au premier passant venu l'adresse d'une bonne auberge ; car, comme vous comprenez bien, monsieur, j'avais besoin de me refaire. Il m'enseigna l'hôtel d'*York*, et me voilà, monsieur, me voilà.

L'HÔTELIER.

Vous êtes le bienvenu, monsieur, et nous allons hâter votre souper et celui de vos amis ; quant à votre chambre, elle sera à votre disposition quand vous voudrez.

LOUET.

Merci, ce ne sera pas de refus, le souper surtout.

L'HOTELIER.

Je le hâte, monsieur, je le hâte.

LOUET.

Oui, hâtez-le.

SCÈNE III

LOUET, seul.

Ma foi, j'ai demandé à souper pour quatre, et j'ai bien fait. Voilà de fait douze heures que je n'ai mangé : depuis ce matin cinq heures ; il est cinq heures du soir, j'ai fait le tour du cadran, cela vaut bien qu'on fasse un petit extra. Quelle chance d'avoir reçu avant-hier mes appointements de quatrième basse du théâtre de Marseille, cinquante francs ! Dix pour le dîner, cinq pour la chambre et le service, restera trente-cinq francs pour mon retour. Trente-cinq francs. (Il fouille dans ses poches.) Ah çà ! mais où diable ai-je donc mis mon argent ? Ouais ! qu'est-ce que cela ? Les pièces de cent sous ont troué la toile de mon gousset, je les ai semées avec mon plomb sur la route de Saint-Cyr à Nice. Pas un denier pas une obole, pas de quoi passer le Styx! Ouf! et moi qui ai commandé une chambre pour un et un souper pour quatre! Garçon! garçon! garçon! (Se pendant à la sonnette et très-vite.) Garçon! garçon! garçon!

SCÈNE IV

LOUET, LE GARÇON.

LE GARÇON.

Eh! monsieur, est-ce que l'on vous égorge?

LOUET.

Avez-vous commandé mon souper?

LE GARÇON.

Oui, monsieur.

LOUET.

Décommandez-le, alors, décommandez-le à l'instant même.

LE GARÇON.

Mais... et les amis de monsieur?

LOUET.

Ils viennent de me crier par la fenêtre qu'ils n'ont pas faim.

LE GARÇON.

Oh! quand les amis de monsieur n'auraient pas faim, cela n'empêche pas monsieur de souper!

LOUET.

Mais vous comprenez bien que, si mes amis n'ont pas faim, je n'ai pas faim non plus, moi...

LE GARÇON.

Monsieur a donc déjeuné bien tard?

LOUET.

Très-tard.

LE GARÇON.

Et monsieur n'a véritablement besoin de rien?

LOUET.

Non! non! non! mais quand on vous dit que non, mille bombes!

LE GARÇON.

Oh! il faut que ce soit quelque milord, car il est bien insolent!

(Il sort.)

SCÈNE V

LOUET, seul.

Un milord, moi ?... O garçon peu physionomiste, va ! Eh bien, en voilà une position agréable ; mais pas un sou, littéralement pas un sou. J'ai bien mon fusil ; bah ! ils m'en offriront dix francs. J'ai bien ce solitaire ; mais c'est un sentiment, et j'aimerais mieux mourir de faim que de m'en défaire ; et c'est qu'avec cela j'ai une faim canine. Ah ! que vois-je ! (Apercevant la basse.) Une basse ! (Il se saisit de la basse.) Vous me direz : « Qu'a donc de commun une basse avec un homme qui n'a ni déjeuné ni soupé ? » D'abord, ils ont tous les deux l'estomac vide. Et puis cette basse, c'est une amie, car on peut dire sans fatuité que, lorsqu'on a tenu un instrument pendant vingt ans entre ses bras, ou plutôt entre ses jambes, on doit être lié avec lui ; et puis j'ai toujours remarqué que rien ne me faisait venir des idées, à moi, comme le son de la basse. Et Dieu sait si j'ai besoin d'une idée !... Allons !

(Il joue *Une fièvre brûlante* ; à mesure qu'il joue, les portes s'ouvrent ; l'Hôte et les Garçons rentrent. La salle s'emplit peu à peu.)

SCÈNE VI

LOUET, L'HÔTELIER, GARÇONS et SERVANTES.

L'HÔTELIER.

Bravo ! bravo !

TOUS.

Ah ! bravo ! bravo !

L'HÔTELIER.

Diable ! et nos Anglais qui demandent de la musique !... Monsieur, vous êtes un instrumentiste distingué.

LOUET.

J'ai refusé la place de première basse à l'Opéra de Paris. (A part.) Ce n'est pas vrai ; mais je suis à l'étranger, et je ne veux pas abaisser la France.

L'HÔTELIER.

Cependant, monsieur, c'était une belle place.

LOUET.

Dix mille francs d'appointements, monsieur, et la nourriture. Tous les jours, à déjeuner, des côtelettes et du vin de Bordeaux; tous les jours, à dîner, quatre plats et du champagne glacé.

L'HÔTELIER.

Et vous avez refusé tout cela, monsieur ?

LOUET.

C'est-à-dire que j'ai accepté, monsieur, et qu'aussitôt mon retour à Marseille, je partirai pour Paris.

L'HÔTELIER.

Avant de partir de Nice, d'abord, monsieur, voudriez-vous nous consacrer une soirée ?

LOUET.

Une soirée ? Hum ! croyez-vous qu'une ville comme Nice couvrirait nos frais ?...

L'HÔTELIER.

Comment, monsieur ! mais, dans ce moment-ci, nous regorgeons d'Anglais poitrinaires et qui adorent la musique; dans mon seul hôtel, il y en a quatorze.

LOUET.

Il est vrai que votre hôtel est le meilleur hôtel de Nice, et que la table, à ce qu'on assure, est excellente.

L'HÔTELIER.

J'espère que monsieur en jugera avant de partir.

LOUET.

Dame, je ne sais encore !

L'HÔTELIER.

Je n'ai pas de conseil à donner à monsieur, mais je suis sûr qu'une soirée qu'il nous consacrerait ne serait pas une soirée perdue.

LOUET.

Et que croyez-vous que cette soirée puisse me rapporter?

L'HÔTELIER.

Si monsieur veut me laisser faire les avances et distribuer les lettres, je garantis cent écus. (A part.) Je ne risque rien, milord Ollibon souscrit seul pour vingt-cinq guinées !

LOUET, joyeux.

Cent écus !

L'HÔTELIER, se trompant à l'expression.

Ce n'est pas beaucoup, je le sais ; mais Nice, monsieur, ce n'est ni Paris ni Rome.

11.

LOUET.

C'est une charmante ville, et, en considération de la ville, si j'étais bien sûr, sans avoir à m'occuper de rien que de prendre cette basse et de charmer l'auditoire, d'arriver à cent écus de recette...

L'HÔTELIER.

Je vous les garantis une seconde fois.

LOUET.

Et nourri, nourri comme à l'Opéra de Paris?

L'HÔTELIER.

Et nourri.

LOUET.

Alors, monsieur, annoncez-moi, affichez-moi.

L'HÔTELIER.

Pour quand?

LOUET.

Mais pour quand vous voudrez.

L'HÔTELIER.

Pour ce soir.

LOUET.

C'est bien prompt, il est sept heures.

L'HÔTELIER.

Raison de plus, monsieur; tout le monde est sur la promenade, ou au salon de conversation; un coup de tambour fera l'affaire.

LOUET.

Allez donc, alors.

L'HÔTELIER.

Votre nom?

LOUET.

M. Louet.

L'HÔTELIER.

De passage à Nice.

LOUET.

Non! non! non! Venu de Marseille à Nice à la poursuite d'un chastre.

L'HÔTELIER.

Ceci est-il bien utile à mettre sur l'affiche?

LOUET.

Mais c'est indispensable, monsieur, attendu que je suis en veste de chasse et en guêtres, le tout même assez détérioré;

et le respectable public niçois pourrait croire que je lui manque de respect, quand il n'en serait rien, monsieur, ma parole d'honneur, incapable !

L'HÔTELIER.

Je ferai ce que vous voudrez. Et que jouerez-vous ?

LOUET.

N'annoncez rien, faites apporter toutes les partitions du théâtre. Je les connais toutes, je jouerai huit morceaux de première importance, au choix de l'auditoire. Cela flattera l'orgueil des Anglais. Comme vous le savez, monsieur, ces insulaires sont pleins d'amour-propre.

L'HÔTELIER.

Eh bien, c'est dit, c'est convenu. Je vous garantis cent écus et je vous nourris. A l'instant même, on va vous monter votre déjeuner.

LOUET.

Songez, monsieur, que c'est d'après ce prospectus que je me ferai une idée de votre manière de tenir vos engagements.

L'HÔTELIER.

Soyez tranquille ! (Aux Garçons.) Un déjeuner de première classe à M. Louet.

(Il sort.)

SCÈNE VII

LOUET, UN GARÇON, puis L'HÔTELIER, revenant.

LOUET, prenant la basse dans ses bras et exécutant une sarabande.
Tradéri déri déri déri déra, tradéri déri déri déri déra.

LE GARÇON, entrant, portant des plats.
Tiens ! qu'est-ce que vous faites donc ?

LOUET.

Ne faites pas attention, je reconduis ma danseuse... Ah ! filet sauté ! côtelette à la jardinière ! vin frappé ! c'est bien véritablement, comme l'a dit cet honnête hôtelier, un déjeuner de première classe.

(Il s'attable et mange.)

L'HÔTELIER, entrant.

Eh bien, êtes-vous content, monsieur ?

LOUET.

Enchanté !

L'HÔTELIER.

C'est qu'il n'y a plus à s'en dédire à cette heure : on affiche, monsieur, et le tambour a l'ordre.

LOUET.

Je ne m'en dédis pas, monsieur, et, avec l'aide de Dieu, je ne démentirai pas l'affiche et je ferai honneur au tambour. Seulement, monsieur, maintenant, pourriez-vous me dire par quelle voie je puis m'en retourner demain à Marseille?

L'HÔTELIER.

Demain ! vous êtes donc bien pressé ?

LOUET.

Monsieur, depuis vingt ans, je n'ai pas manqué à mon service un seul jour, et voilà deux soirées qu'on ne m'a pas vu au théâtre. On doit me croire mort.

L'HÔTELIER.

Il y a justement dans le port, monsieur, une charmante corvette qui fait voile pour Toulon. Le capitaine est de mes amis, un vrai loup de mer.

LOUET.

Toulon ! tiens, je ne connais pas Toulon et serais bien aise de le connaître.

L'HÔTELIER.

Eh bien, cela tombe à merveille. Voici le capitaine Garnier.

LOUET.

Attendez donc ! c'est que je crains la mer.

L'HÔTELIER.

Bah ! la mer est comme d'huile en ce moment... Capitaine !

SCÈNE VIII

Les Mêmes, LE CAPITAINE GARNIER.

LE CAPITAINE.

Hein ?

L'HÔTELIER.

Voici un artiste !

LE CAPITAINE.

Un artiste, ça ?

LOUET.

Ça ! oui, monsieur ; M. Louet, monsieur, première basse au théâtre de Paris.

LE CAPITAINE.

Eh bien, qu'est-ce que ça me fait, à moi ?

LOUET, bas, à l'Hôtelier.

Dites-moi, il n'est pas d'humeur sociable, votre capitaine.

L'HÔTELIER.

Capitaine, pardon !

LE CAPITAINE.

Faites vite, je suis pressé ; je pars demain.

LOUET.

Nous le savons bien, capitaine, et c'est justement pour cela...

LE CAPITAINE.

Quoi ?

L'HÔTELIER.

Que nous vous arrêtons. Voici monsieur qui donne un concert à Nice ce soir, et qui voudrait retourner à Toulon.

LE CAPITAINE.

Par ma corvette ?

L'HÔTELIER.

Oui, monsieur, par la belle corvette du capitaine Garnier, *la Vierge des Sept-Douleurs.*

LE CAPITAINE.

Eh bien, faites porter à bord monsieur avant le jour.

L'HÔTELIER, sortant.

Bien ! bien ! bien !

LOUET.

Vous vous en allez ?

L'HÔTELIER.

Je vais soigner votre second service.

(Il sort.)

LOUET, à part.

Si je faisais une politesse à ce loup de mer... (Haut.) Monsieur !

LE CAPITAINE.

Plaît-il ?

LOUET.

Monsieur, j'ai d'excellent champagne frappé, et, s'il vous

plaisait de boire un verre de vin avec moi, à notre heureuse traversée...

LE CAPITAINE.

Je ne bois que de l'eau.

LOUET.

Eh bien, monsieur, un verre d'eau.

LE CAPITAINE.

Soit. (Il se verse un verre d'eau et va le porter à ses lèvres ; on entend le tambour.) Qu'est-ce que cela ?

LOUET.

Oh ! ne faites pas attention.

LE CAPITAINE.

Comment, que je ne fasse pas attention ? On bat le rappel, et vous me dites de ne pas faire attention.

LOUET.

C'est pour moi, monsieur. On m'annonce.

LE CAPITAINE.

Ah ! diable ! je croyais que c'était pour les Anglais.

LOUET.

C'est pour eux aussi.

LE CAPITAINE.

Comment, c'est pour eux ?

LOUET.

Oui... Les Anglais aiment beaucoup la musique, quoique, en général, ils ne soient pas musiciens.

LE CAPITAINE.

Pas musiciens ? Tonnerre du diable si vous les aviez entendus à Trafalgar, vous ne diriez pas cela.

LOUET.

A Trafalgar ! Je n'ai pas pu les entendre, monsieur, je n'y n'y étais pas... Il paraît que c'était un beau concert.

LE CAPITAINE.

Très beau ! j'y étais, moi. A demain matin.

LOUET.

Monsieur, reste un dernier article.

LE CAPITAINE.

Lequel ?

LOUET.

Celui du prix de la traversée.

LE CAPITAINE.

Ne me dites-vous pas que vous jouez de cela ?...

LOUET.

De cela... Oui, monsieur.

LE CAPITAINE.

Eh bien, vous m'en jouerez un air, et tout sera dit.

LOUET.

Un air de... ?

LE CAPITAINE.

Un air de cela, ou d'autre chose, peu m'importe, pourvu que ce soit un air.

(Il sort.)

SCÈNE IX

LOUET, puis L'HÔTELIER.

LOUET.

Il n'est pas poli, mais il est désintéressé. Il paraît, au reste, qu'il est musicien, et que ce concert que les Anglais lui ont donné à Trafalgar lui est resté dans l'esprit. J'avais d'abord pris mauvaise opinion de lui quand il m'a dit qu'il ne buvait que de l'eau. Il paraît que je m'étais trompé, et que c'est un brave homme au fond.

L'HÔTELIER.

Voici votre second service, mon cher hôte... Mais je vous avoue que je crois que vous n'aurez pas le temps.

LOUET.

Le temps de quoi ?

L'HÔTELIER.

De finir votre dîner.

LOUET.

Comment cela ?

L'HÔTELIER.

Il y a une telle impatience de vous entendre, que les salons sont pleins déjà... Tenez...

LOUET.

Ah ! mais voilà qui est très-flatteur pour mon amour-propre.

L'HÔTELIER.

Oui, mais pour votre appétit...

LOUET.

Monsieur, faites porter, je vous prie, le second service dans ma chambre, je souperai.

L'HÔTELIER.

Alors, je puis annoncer que vous êtes prêt.

LOUET.

Annoncez, monsieur, annoncez.

L'HÔTELIER, ouvrant les portes.

Pour répondre à l'impatience de l'honorable public, voici M. Louet qui interrompt son dîner.

TOUT L'AUDITOIRE.

Bravo !

LOUET, sa basse à la main.

Messieurs !...

L'AUDITOIRE.

Bravo !

LOUET.

Messieurs !...

L'AUDITOIRE.

Bravo ! bravo !

LOUET, à part.

Je crois décidément que ce qu'il y a de mieux à faire, c'est de commencer mon grand air...

ACTE DEUXIÈME

DEUXIÈME TABLEAU

L'intérieur de la corvette.

SCÈNE PREMIÈRE

LOUET, seul, couché dans un hamac, la tête appuyée entre les deux mains.

Ah ! je m'en doutais bien, que cela me ferait cet effet-là... Je l'avais dit à ce brave homme d'hôtelier... « Comme d'huile, comme d'huile!... » Oui ! Ce qu'il y a de plus humiliant dans tout ceci, c'est le peu d'attention que ces gens de mer font à vos souffrances... Il y a même plus, c'est qu'au lieu de les plaindre, ils en rient... Mais, au fait, six heures de traversée sont bientôt faites ; un peu de courage... Brrrou !... Oh ! que se passe-t-il donc là-haut ?... Quelque chose d'extraordinaire, ce me semble. (Le tambour bat le branlebas.) Le signal du déjeuner probablement... Je serai un triste convive, et, si le capitaine n'a que moi pour lui tenir tête...

SCÈNE II

LOUET, LE CAPITAINE GARNIER, plusieurs Marins, un Mousse.

LA VOIX DU CAPITAINE.
Allons, allons, sur le pont les sabres, les haches, les piques !
VOIX, dans le dessous.
Voilà, voilà, voilà !
LOUET.
Des sabres, des piques, des haches !... Pourquoi donc faire ces instruments guerriers ?... (Un marin passe portant une brassée de sabres.) Mon ami, qu'annonce ce tambour, s'il vous plaît ?
LE MARIN.
Il annonce les Anglais, mon brave homme...
LOUET.
Les Anglais !... les Anglais ! mais ce sont de très-bons enfants ; ce sont eux, hier, qui m'ont fait les trois quarts de ma recette.
LE MARIN.
Eh bien, ils pourront bien vous la reprendre tout entière aujourd'hui.
LOUET.
Me reprendre mes cent écus !... que signifie cela ?... (Un Marin passe avec une brassée de piques.) Oh ! oh ! des piques maintenant !... (Un Marin passe avec une brassée de haches.) Des haches !... Décidément, il y a quelque chose là-haut qui n'est pas naturel. (Il essaye de marcher.) Diable de roulis, va !... Certainement, je n'ai pas le pied marin.
LA VOIX DU CAPITAINE.
Antoine, apporte-moi ma pipe.

UNE VOIX.

Oui, capitaine...

(Un Mousse passe avec une énorme pipe à la main.)

LOUET, l'arrêtant.

Pardon, mon petit ami, mais que se passe-t-il donc là-haut?

LE MOUSSE.

Là-haut?

LOUET.

Est-ce que l'on déjeune?

LE MOUSSE.

Ah! oui, drôlement!... il va y en avoir quelques-uns qui auront une indigestion de plomb et d'acier de ce déjeuner-là... Mais lâchez-moi, le capitaine attend sa pipe.

LOUET.

Oh! dans tous les cas, il est évident, n'est-ce pas, mon petit ami, que, si le capitaine attend sa pipe, c'est que le danger n'est pas grand.

LE MOUSSE.

Au contraire!... quand il la demande, c'est que ça chauffe... ça chauffe!...

LOUET.

Mais enfin qu'est-ce qui chauffe?

LE MOUSSE.

La grande marmite donc!... celle où il y a du bouillon pour tout le monde. Montez sur le pont, et vous verrez...

(Il monte à l'écoutille.)

LOUET.

Au fait, je crois que c'est ce que j'ai de mieux à faire que de voir... Diable de roulis, va!... C'est étonnant, ça m'a guéri, du reste... je n'éprouve plus rien... il n'y a que ce diable de roulis... Ah! je tiens l'échelle...

(Au fur et à mesure qu'il monte, le bâtiment s'enfonce et découvre le pont. Chacun est à son poste: les Canonniers à leurs pièces, le Capitaine à son banc, les Gabiers dans les hunes. Louet passe sa tête par l'écoutille.)

TROISIÈME TABLEAU

Le pont de la corvette.

SCÈNE PREMIÈRE

LOUET, LE CAPITAINE GARNIER, TOUT L'ÉQUIPAGE.

LE CAPITAINE.

C'est bien !... chacun à son poste, et faites-leur voir de quel pays nous sommes... en attendant qu'on leur montre de quel bois nous nous chauffons : le pavillon tricolore à la corne, et assurez-le-moi par un bon coup de canon.

LOUET.

Comment, par un coup de canon?

(Le pavillon monte, un coup de canon retentit.)

LE CAPITAINE.

C'est bien !... quand ce ne serait que pour leur montrer que nous avons de la poudre et des boulets.

LOUET.

Bonjour, capitaine... Hum! Il paraît qu'il y a quelque chose de nouveau à bord.

LE CAPITAINE.

Ah! c'est vous, mon cher monsieur Louet! J'ai entendu dire que vous aviez eu un très-beau succès hier...

LOUET.

Mais, oui, capitaine, je n'ai pas à me plaindre.

LE CAPITAINE.

Et comment vous portez-vous, ce matin ?

LOUET.

J'ai été malade... oui, le roulis... Mais cela va mieux... beaucoup mieux.

LE CAPITAINE.

Je vous en fais mon compliment... Monsieur Louet, avez-vous jamais vu un combat naval ?

LOUET:

Jamais, capitaine.

LE CAPITAINE.

Avez-vous envie d'en voir un?

LOUET.

Mais, capitaine, j'avoue... j'avoue que j'aimerais mieux voir autre chose.

LE CAPITAINE.

J'en suis fâché; car, si vous aviez envie d'en voir un... mais un beau... vous auriez été servi à la minute.

LOUET.

Comment! monsieur, nous allons avoir un combat naval?... Ah! vous plaisantez, capitaine... Farceur de capitaine!

LE CAPITAINE.

Ah! je plaisante? Montez encore deux échelons et regardez... Y êtes-vous?

LOUET.

Oui, capitaine.

LE CAPITAINE.

Eh bien, que voyez-vous?

LOUET.

Je vois trois forts beaux bâtiments.

LE CAPITAINE.

Comptez bien.

LOUET.

J'en vois quatre.

LE CAPITAINE.

Cherchez encore.

LOUET.

Cinq... six... Ah! ah!

LE CAPITAINE.

Vous connaissez-vous en pavillons?

LOUET.

Assez mal.

LE CAPITAINE.

N'importe, regardez celui que porte le plus grand, là, à sa corne... où est notre pavillon tricolore à nous... qu'y a-t-il sur ce pavillon?

LOUET.

Je me connais très-peu en figures héraldiques; cependant je crois distinguer une harpe.

LE CAPITAINE.

Eh bien, c'est la harpe d'Irlande... D'ici à cinq minutes, ils vont nous jouer un air.

LOUET.

Capitaine !

LE CAPITAINE.

Quoi ?

LOUET.

Capitaine ! mais il me semble qu'ils sont encore loin de nous et qu'en déployant toute cette toile qui ne fait rien là, le long de vos vergues et de vos mâts, vous pourriez vous sauver... Moi, je sais qu'à votre place, je me sauverais... Pardon !... C'est mon opinion comme quatrième basse au théâtre de Marseille, et je serais heureux de vous la faire partager... Si j'étais marin, peut-être en aurais-je une autre.

LE CAPITAINE.

Si, au lieu d'être une basse, c'était un homme qui m'eût dit ce que vous venez de me dire, monsieur, cela se passerait mal.

LOUET.

Capitaine !

LE CAPITAINE.

Apprenez que le capitaine Garnier ne se sauve pas... Il se bat jusqu'à ce que son vaisseau soit criblé, puis il attend l'abordage ; puis, quand son pont est couvert d'Anglais, il descend vers la sainte-barbe avec sa pipe, il s'approche d'un tonneau de poudre... et il envoie les Anglais voir si le Père éternel est là-haut.

LOUET.

Mais les Français ?

LE CAPITAINE.

Les Français aussi.

LOUET.

Alors, il n'y a donc que les passagers... ?

LE CAPITAINE.

Les passagers tout de même.

LOUET.

Allons, capitaine, pas de mauvaise plaisanterie.

LE CAPITAINE.

Je ne plaisante jamais, monsieur, quand le branlebas est battu.

LOUET.

Capitaine, capitaine, au nom du droit des gens, descendez-moi à terre... J'aime mieux m'en aller à pied... Je suis bien venu, je m'en irai bien...

LE CAPITAINE, posant sa pipe.

Voulez-vous que je vous donne un conseil, monsieur Louet?

LOUET.

Donnez, monsieur, donnez : un conseil est toujours le bienvenu, donné par un homme raisonnable.

LE CAPITAINE.

Eh bien, monsieur Louet, c'est d'aller vous coucher ; vous en venez, n'est-ce pas? retournez-y.

LOUET.

Une dernière demande, capitaine.

LE CAPITAINE.

Faites, monsieur.

LOUET.

Avons-nous quelque chance de salut? C'est un homme marié, ayant femme et enfant, qui vous fait cette question... (A part.) Je lui dis cela pour l'intéresser : le fait est que je suis garçon.

LE CAPITAINE.

Écoutez, monsieur Louet ; je comprends tout ce que la position a de désagréable pour un homme qui n'est pas du métier.

LOUET.

Ah!

LE CAPITAINE.

Oui, monsieur, il y a une chance.

LOUET.

Laquelle, capitaine? Et, si je puis vous être bon à quelque chose, disposez de moi.

LE CAPITAINE.

Voyez-vous ce nuage noir au sud-sud-ouest?

LOUET.

Je le vois comme je vous vois, monsieur.

LE CAPITAINE.

Il ne nous promet encore qu'un grain.

LOUET.

Un grain de quoi, capitaine?

LE CAPITAINE.

Qu'un grain de vent.

LOUET.

Eh bien ?

LE CAPITAINE.

Eh bien, monsieur, priez Dieu qu'il se change en tempête.

LOUET.

Comment! en tempête, capitaine? Mais on fait naufrage par les tempêtes!

LE CAPITAINE.

Eh bien, c'est encore ce qui peut nous arriver de plus heureux! (Il reprend sa pipe et s'aperçoit qu'elle est éteinte.) Antoine! Antoine! mais où es-tu donc, sardine de malheur?

LE MOUSSE.

Me voilà, capitaine.

LE CAPITAINE.

Va me rallumer ma pipe ; car, ou je me trompe fort, ou le bal va commencer.

(En ce moment, un petit nuage blanc apparaît au flanc du vaisseau le plus rapproché; puis on entend un bruit sourd. Le haut de la muraille de la corvette se démolit, et un Canonnier, monté sur l'affût de sa pièce, tombe sur l'épaule de Louet.)

LOUET.

Allons donc, mon ami ; ce n'est pas drôle du tout, ce que vous faites là ! (Repoussant le Canonnier.) Allons donc ! (L'Artilleur tombe à terre.) Ouais ! qu'est-ce donc? Il est mort!

LE CAPITAINE.

Eh bien, ne vous avais-je pas dit que le bal allait commencer! (Aux Marins.) Allons ! en place pour la contredanse!

LOUET.

Attendez! attendez! je n'en suis pas, moi ! je n'en suis pas!

(Il se sauve et redescend par l'écoutille.)

SCÈNE II

LE CAPITAINE GARNIER, L'ÉQUIPAGE.

Commencement du combat.

LE CAPITAINE.

En plein bois, mes enfants! en plein bois ! Coupez-les par

le milieu du corps, ces gredins d'Anglais! (Bordée de canon.) Ah! ils en tiennent! bravo! bravo!

DES VOIX.

Capitaine, un bâtiment à l'arrière!

LE CAPITAINE.

Mettez deux pièces de chasse en batterie, et feu! morbleu! feu! (Tonnerre.) Ah! ah! voilà le bon Dieu qui s'en mêle. Que dites-vous de l'ouverture, monsieur Louet?

LOUET, dans la cale.

Je dis monsieur qu'on dirait celle de la fin du monde.

LE CAPITAINE.

Ah! ah! le feu se ralentit, enfants!... Que voyez-vous là-haut?

UNE VOIX.

Les Anglais changent de manœuvre.

LE CAPITAINE.

Que fait le vaisseau amiral?

LA VOIX.

Il vire de bord.

LE CAPITAINE.

Et ses voiles?

UNE VOIX.

On dirait qu'il prend des ris... Ah! il cargue sa misaine et ses grands huniers!

LE CAPITAINE.

Bon! il flaire la tempête! L'exemple est bon à suivre, enfants! Carguez la misaine et amenez les huniers! La! attendons maintenant; je crois que le bon Dieu a un mot à nous dire!

(La toile du fond se déroule en panorama. On voit s'éloigner les bâtiments anglais. Le ciel s'assombrit peu à peu. Tempête, éclairs. Le tonnerre tombe. Un des bâtiments anglais prend feu, frappé de la foudre, et saute. La mer se gonfle. Le panorama continue à se dérouler. On voit passer l'île d'Elbe, Porto-Ferraïo; enfin, on entre dans le port de Piombino.)

SCÈNE III

LES MÊMES, LOUET.

LOUET, sortant la tête de l'écoutillon.

Capitaine! capitaine!

LE CAPITAINE.

Ah! c'est vous, monsieur Louet!

LOUET.

Je crois que cela se calme.

LE CAPITAINE.

Mais c'est tout calmé.

LOUET.

De sorte que nous voilà...?

LE CAPITAINE.

En lieu sûr, cher monsieur Louet.

LOUET.

Mais les Anglais?

LE CAPITAINE.

Les Anglais? Grâce à la tempête que j'avais prévue, ils ont eu tant à faire pour eux, qu'ils n'ont pas eu le loisir de s'occuper de nous... Si bien que nous leur avons passé entre les jambes, littéralement, monsieur Louet.

LOUET.

Oh! oh! comme au colosse de Rhodes... Vous savez, monsieur, que les vaisseaux, disent les historiens, avaient la bassesse de passer entre les jambes de ce monument... De sorte que voilà probablement l'île Sainte-Marguerite?

LE CAPITAINE.

Ça?

LOUET.

Mais oui, ça.

LE CAPITAINE.

C'est l'île d'Elbe.

LOUET.

Comment, l'île d'Elbe?... Mais, capitaine, ou mes connaissances géographiques me trompent, ou l'île d'Elbe n'est pas si proche de Toulon.

LE CAPITAINE.

Où diable prenez-vous Toulon?

LOUET.

Cette ville, n'est-ce point Toulon? Le port où nous sommes, n'est-ce point le port de Toulon? Enfin, capitaine, ne m'avez-vous pas dit que nous partions pour Toulon?

LE CAPITAINE.

Mon cher monsieur Louet, vous savez le proverbe: « L'homme propose... »

LOUET.

« Et Dieu dispose... » Oui, monsieur, c'est un proverbe très-philosophique.

LE CAPITAINE.

Et surtout très-véridique. Dieu a disposé, monsieur Louet.

LOUET.

De qui ?

LE CAPITAINE.

De vous, donc.

LOUET.

Et où sommes-nous, alors, monsieur...?

LE CAPITAINE.

Nous sommes à Piombino.

LOUET.

A Piombino, monsieur !... qu'est-ce que vous dites là ! Mais, si cela continue, je retournerai à Marseille par les îles Sandwich, où fut tué le capitaine Cook.

LE CAPITAINE.

Le fait est que nous n'en prenons pas le chemin, de Marseille.

LOUET.

Mais voilà que je suis fort loin de ma patrie, moi !

LE CAPITAINE.

Et moi, donc, qui suis de Brest !

LOUET.

Mais comment donc y retourner?

LE CAPITAINE.

A Brest ?

LOUET.

Non, à Marseille.

LE CAPITAINE.

Il y a la voie de mer par mon bâtiment, monsieur Louet.

LOUET.

Merci, je sors d'en prendre.

LE CAPITAINE.

La voie de terre par le voiturin.

LOUET.

Je préfère la voie de terre, monsieur, de beaucoup même.

LE CAPITAINE.

Eh bien, mon cher monsieur Louet, je vais vous remettre sur le port.

LOUET.

Vous m'obligerez, capitaine... Mon bagage !

LE CAPITAINE.

Le bagage de M. Louet !

LOUET.

Oh ! il n'est pas bien considérable ; mon fusil et ma carnassière.

LE CAPITAINE.

Monsieur Louet !

LOUET.

Capitaine ?

LE CAPITAINE.

Vous savez, cher monsieur Louet, qu'entre compatriotes, on ne fait pas de façons.

LOUET.

Oui, monsieur, je sais cela.

LE CAPITAINE.

Eh bien, vous m'entendez.

LOUET.

Oui, monsieur, je vous entends, mais je ne vous comprends pas... Cela veut dire, s'il vous plaît ?

LE CAPITAINE.

Cela veut dire... cela veut dire, mille tonnerres ! que, si vous n'avez pas d'argent, ma bourse est à votre disposition, quoi !... voilà le mot lâché !

LOUET.

Monsieur, cette manière de m'offrir vos services me fait venir les larmes aux yeux... Merci, je suis riche...

LE CAPITAINE.

Dame, c'est qu'un artiste...

LOUET.

J'ai cent écus dans ce mouchoir, capitaine.

LE CAPITAINE.

Ah bien, si vous avez cent écus, avec cela, on va au bout du monde.

LOUET.

Je désire ne pas aller si loin, et, si, je puis, capitaine, je m'arrêterai à Marseille.

LE CAPITAINE.

Eh bien, alors, mon cher, bon voyage, et ne m'oubliez pas dans vos prières.

LOUET.

Oh! soyez tranquille, capitaine, je vivrais cent ans, que cent ans je me souviendrais de vous.

LE CAPITAINE.

L'embarcation est-elle prête?

UNE VOIX.

Oui.

LE CAPITAINE.

Adieu, monsieur Louet!

LOUET.

Adieu, capitaine!

LE CAPITAINE.

A propos, descendez au *Hussard français,* à l'*Ussaro francese,* c'est la meilleure auberge.

LOUET.

Merci, capitaine.

TOUS LES MATELOTS.

Au revoir, monsieur Louet, au revoir!

LOUET.

Adieu, messieurs, adieu!

(On agite les chapeaux, et on se fait toute sorte de tendresses.)

QUATRIÈME TABLEAU

La cour de l'auberge du *Hussard français.*—Le Vetturino; les chevaux attelés. Nuit. — Deux ou trois Voyageurs attendent dans la cour.

SCÈNE PREMIÈRE

LOUET, LE VETTURINO, VOYAGEURS.

LOUET, entrant.

Ouf! voilà probablement notre véhicule; je dis véhicule, parce que, ne connaissant pas le nom national de cette voiture, je craindrais de me tromper en l'appelant autrement... (A un Voyageur.) Monsieur, comment appelle-t-on, s'il vous plaît, ce genre de diligence?

LE VOYAGEUR.

Cosa?

LOUET.

J'ai l'honneur de vous demander, monsieur, comment s'appelle ce genre de diligence.

LE VOYAGEUR.

Non capisco.

LOUET.

Ah! elle se nomme *capisco?* Merci, monsieur; et où allons-nous?

LE VOYAGEUR.

Non capisco.

LOUET.

Capisco, encore! ce voyageur n'entend évidemment pas ce que je lui dis. (Allant à un autre.) Monsieur, s'il vous plaît, sans indiscrétion, où allons-nous?

LE VOYAGEUR.

Non capisco.

LOUET.

Il paraît que le mot *capisco* est le fond de la langue italienne. (Au Vetturino.) Mon ami, je ne demande pas mieux que de monter dans votre voiture; mais, auparavant, je voudrais savoir où nous allons.

LE VETTURINO.

Noi andiamo a Firenze.

LOUET.

Ah! diable! *Noi andiamo a Firenze...* Qui diable peut m'expliquer ce que cela veut dire?

SCÈNE II

LES MÊMES, ERNEST, officier de hussards.

ERNEST.

Cela veut dire, mon cher monsieur, que nous allons à Florence.

LOUET.

Ah! merci, monsieur! Monsieur est Français?

ERNEST.

Oui, monsieur.

LOUET.

Monsieur est militaire, peut-être? (Ernest lève les épaules et tourne le dos.) Pardon, monsieur, mais j'ai cru que la demande n'était pas indiscrète, vous voyant revêtu de votre uniforme.

ERNEST.

Eh bien, oui, je suis militaire; après, que voulez-vous?

LOUET.

Monsieur, je voulais savoir si Florence me rapproche de Marseille.

ERNEST.

Certainement!

LOUET.

Ah! tant mieux, monsieur, tant mieux! Alors, je me décide à aller à Florence. Conducteur! conducteur!

ERNEST.

Vetturino!

LE VETTURINO.

Signor.

ERNEST.

Ti parla il signore.

LE VETTURINO.

Che cosa vuole?

ERNEST.

Il demande ce que vous désirez?

LOUET.

Je désire savoir le prix de la place.

LE VETTURINO.

Venti lire!

LOUET.

Monsieur?

ERNEST.

Il demande vingt livres.

LOUET.

Est-ce la somme exigible?

ERNEST.

C'est celle que je paye, du moins.

LOUET.

Ah! il paraît que ce n'est point comme au théâtre de Marseille, où MM. les militaires ne payent que moitié prix.

ERNEST.

Monsieur...

LOUET.

Je ne dis pas cela pour vous offenser, monsieur, bien au contraire. — Tenez, mon ami, voici vos arrhes.

LE VETTURINO.

Si paghe d'avance.

LOUET, à Ernest.

Monsieur, voudriez-vous m'expliquer le langage de cet homme?

ERNEST.

Il dit qu'on paye d'avance.

LOUET.

Est-ce défiance des étrangers?

ERNEST.

Non : c'est de crainte des accidents qui peuvent arriver en route.

LOUET.

Des accidents, monsieur! et quels accidents, je vous prie?...

ERNEST, impatienté.

Ah!... monsieur!...

LOUET.

Mille pardons! (Au Vetturino.) Mon ami, voici vos vingt livres.

LE VETTURINO.

Obligato! Andiamo, signori! andiamo!

LOUET.

Je suis de nouveau forcé de recourir à votre obligeance, monsieur, pour vous demander ce que notre cocher entend par ces paroles.

ERNEST.

Il nous invite à prendre nos places.

LOUET.

Comment donc!... Voyons, je n'oublie rien... Mon fusil et ma carnassière, ma carnassière et mon fusil, c'est tout.

ERNEST, à qui le Vetturino a parlé tout bas.

Monsieur, cet homme, qui est plein de délicatesse, vous prévient qu'au lieu de suivre la route ordinaire, il prend celle de la montagne; cela vous est-il égal, de passer par la montagne?

LOUET.

Tout à fait égal, monsieur, je n'ai rien contre la montagne... Oh! si c'était la mer, ce serait autre chose.

ERNEST.

Alors, cela va bien ; pendant tout le temps du voyage, vous lui tournerez le dos, à la mer.

LOUET.

Cela me suffit, monsieur, et je monte, à moins que vous ne préfériez...

ERNEST.

Allons donc, pas de façons, montez, montez.

(Louet s'apprête à monter ; le Vetturino s'approche de lui.)

LE VETTURINO.

Scuza, Eccelenza, ma le *fousil* il n'est pas *carriqué*, n'est-ce pas ?

LOUET.

Comment ! le fusil n'est pas *carriqué* ? Qu'entendez-vous, mon ami, par le verbe *carriqué* ?

ERNEST, montant.

Il demande si votre fusil n'est point chargé.

LES VOYAGEURS.

Andiamo ! andiamo !

LE VETTURINO.

Le *fousil* il n'est pas *carriqué*.

LOUET.

Eh ! si, mon ami, il est carriqué. En vérité, cet homme est d'une indiscrétion...

LE VETTURINO.

Alors, *il besogne* le *décarriquer*.

LOUET, à Ernest.

Monsieur, par grâce ! ayez la bonté de me dire ce que désire cet homme.

ERNEST.

Il désire que vous déchargiez votre fusil, de peur d'accident.

LOUET.

Ah ! c'est trop juste.

ERNEST.

Mais non, au contraire, n'en faites rien, laissez-le comme il est ; si nous étions arrêtés par des voleurs, avec mes pistolets et votre fusil, nous pourrions nous défendre.

LOUET.

Par des voleurs, monsieur ! Est-ce qu'il y aurait des voleurs sur cette route, par hasard ?

ERNEST.

Eh! monsieur, en Italie, il y en a partout.

LOUET.

Conducteur! conducteur!

LE VETTURINO.

Voilà moi!

LOUET.

C'est très-bien, voilà vous; mais, dites-moi, mon ami, vous ne m'avez pas dit qu'il y avait des voleurs sur la route.

LES VOYAGEURS.

Avanti! avanti!

ERNEST, tirant Louet à lui.

Allons donc, montez; vous voyez bien que les voyageurs s'impatientent. Nous ne serons pas à Sienne avant minuit, morbleu!

LOUET.

Attendez que je décharge mon arme.

ERNEST.

Mais non, au contraire, montez donc.

LOUET.

Pardon, monsieur, pardon, mais je suis de l'avis du conducteur. Si nous rencontrions des voleurs, par hasard, je ne voudrais pas que ces braves gens pussent soupçonner que mon intention est de leur faire le moindre mal.

ERNEST.

Ah! vous avez peur, à ce qu'il paraît?

LOUET.

Je ne le dissimule pas, monsieur; moi, je ne suis pas militaire, je suis quatrième basse au théâtre de Marseille, M. Louet, pour vous servir.

(Il salue.)

ERNEST.

Ah! vous êtes quatrième basse au théâtre de Marseille? Alors, vous avez dû connaître une charmante danseuse qui y était il y a deux ou trois ans.

LOUET.

J'ai connu beaucoup de charmantes danseuses, monsieur; car ma place à l'orchestre est une excellente place pour faire connaissance avec elles. Comment se nommait-elle, sans indiscrétion, monsieur?

ERNEST.

Mademoiselle Zéphirine.

LOUET.

Oui, monsieur, je l'ai connue ; elle a quitté notre ville pour l'Italie ; c'était une personne fort légère.

ERNEST.

Hum !

LOUET.

Ceci s'applique au physique seulement, monsieur, et, pour une danseuse, c'est une louange, ou, sur ma foi, je ne m'y connais pas.

ERNEST.

A la bonne heure.

LES VOYAGEURS.

Andiamo ! andiamo !

ERNEST.

Allons ! allons !

LOUET.

Monsieur, je m'éloigne pour décharger mon arme, de peur d'effrayer les chevaux par l'explosion.

LE VETTURINO.

Donnez le *fousil*, je le *prendero* avec *me*.

LOUET.

Tiens ! je n'y avais point songé. Voici mon fusil, mon brave homme. Ayez-en bien soin, car c'est une excellente arme.

ERNEST.

Ah çà ! mais, mille tonnerres, monterez-vous ?

LOUET.

Me voilà, monsieur, me voilà. (Il va s'asseoir au fond, Ernest le fait tourner et il s'assied sur le devant.) Ah ! cela vous fait mal d'aller à reculons ?

ERNEST.

Oui.

LOUET.

Et à moi aussi ! Vous dites donc, monsieur, que mademoiselle Zéphirine... ?

ERNEST.

Vous vous trompez, monsieur, je ne dis rien.

LOUET.

Pardon ! (A lui-même.) Il paraît qu'il n'est plus en train de causer.

LES VOYAGEURS.

Avanti! avanti!

LE VETTURINO.

Si parte! Youp!...

(La voiture roule. La toile du fond se développe en panorama.)

LOUET.

Enfin, nous voilà en route.

ERNEST.

Morbleu! ce n'est pas votre faute.

LOUET, à part.

Ah! il revient à la conversation. (Haut.) Monsieur, je ne suis point fâché de quitter cette auberge; on y était fort mal. Comment avez-vous dormi, monsieur?

ERNEST.

Fort bien.

LOUET, à part.

Vous n'êtes pas difficile. J'ai été dévoré, monsieur, littéralement dévoré par les insectes; et cependant, j'oserai dire que j'étais encore mieux là que dans le bâtiment du capitaine Garnier. Connaissez-vous le capitaine Garnier, monsieur?

ERNEST.

Non!

LOUET.

C'est fâcheux. Un bien excellent homme, un peu brutal, mais le cœur sur la main. Imaginez-vous, monsieur, qu'il y avait là six bâtiments anglais, et, à l'horizon, un grain. Vous savez ce que les marins appellent un grain, hein? vous le savez, n'est-ce pas?... Monsieur, j'ai l'honneur de vous demander si vous savez ce que c'est qu'un grain?

ERNEST.

Eh! oui, monsieur, je le sais.

LOUET.

Oui; mais vous ne savez pas ce que c'est qu'un grain compliqué d'une tempête; vous n'avez jamais assisté à un combat naval et à un orage en même temps. N'est-ce pas, monsieur, n'est-ce pas que vous n'avez jamais assisté à un orage et à un combat naval?... Monsieur, j'ai l'honneur de vous demander... (Ernest ronfle.) Tiens, il dort! Il me semble avoir lu dans la civilité qu'il n'était pas poli de dormir quand les gens parlaient; mais un hussard! Ma foi, si j'en faisais autant, si je m'endormais aussi, moi? On n'est pas trop mal, dans cette voiture, et je crois que je pourrais achever ma nuit d'une façon agréable. (Il s'accommode avec son mouchoir.) Ah!... (On entend un coup de sifflet dans le lointain.) Plaît-il? Il me semble avoir entendu... Monsieur! monsieur!

ERNEST.

Ah çà! nom d'un sabre, me laisserez-vous dormir?

LOUET.

Monsieur, je désirerais avoir l'honneur de vous souhaiter le bonsoir. Bonsoir, monsieur!

ERNEST.

Bonsoir!

(Le Vetturino chante un couplet.)

LOUET.

Cet homme a la voix agréable, mais il manque de méthode.

(Le Vetturino chante un second couplet; après le second couplet, on entend un second coup de sifflet. Pendant le troisième couplet, la voiture s'arrête. Des Voleurs, d'accord avec le Vetturino, l'entourent. Les Voleurs, au milieu des ronflements des Voyageurs, ouvrent bruyamment les portières, en criant : *Faccia in terra!*)

LOUET.

Hein? quoi? qu'y a-t-il? Est-ce que nous sommes arrivés au relai, conducteur? (Apercevant le canon de son propre fusil sur sa poitrine.) Hein! qu'est-ce que c'est que cela?

ERNEST.

Ah! brigands! ah! bandits!

(Il décharge ses deux coups de pistolet.)

LOUET, tiré hors de la voiture.

Messieurs, qu'est-ce que vous faites? (Il reçoit un coup derrière la nuque.) Ah! le coup du lapin.

(Il tombe sur ses genoux.)

ERNEST, se défendant.

Me rendre, moi, me rendre?... un officier français se rendre? Jamais!

LOUET.

Rendez-vous, monsieur, si ces messieurs désirent que vous vous rendiez. Vous voyez bien que je me suis rendu, moi. (Au Bandit qui le tient.) Mais, mon ami, je vous demande pardon, vous me fouillez de la façon la plus indiscrète; mais, mon ami, vous me prenez mon argent! mais, mon ami, vous me prenez mon solitaire! Je tenais cependant beaucoup à cette bague, monsieur ; c'était un sentiment... Ah! mais mon fusil, mon fusil aussi ?

LE LIEUTENANT DE LA BANDE.

Silence !

LOUET.

Monsieur, je ne souffle plus le mot ; je voulais seulement prévenir le nouveau propriétaire de mon fusil que le coup gauche écarte, et que le coup droit relève.

LE LIEUTENANT.

On vous dit silence. Y a-t-il, parmi ces messieurs, un musicien ?

LOUET.

Comment, un musicien ? pour quoi faire ?

LE LIEUTENANT.

Eh bien, ne m'a-t-on pas entendu ? Je demande si, parmi ces messieurs, il y a quelqu'un qui joue d'un instrument quelconque ?

ERNEST.

Eh ! pardieu ! il y a monsieur qui joue de la basse, M. Louet.

LOUET.

Oh ! je voudrais être à cent pieds sous terre.

LE LIEUTENANT.

Lequel est M. Louet ? est-ce celui-ci ?

(Le Lieutenant a mis Louet sur les genoux.)

LOUET.

Que voulez-vous de moi, messieurs? au nom du ciel, que voulez-vous de moi ?

LE LIEUTENANT.

Rien que de très-flatteur, mon cher monsieur ; il y a huit jours que nous cherchons de tous côtés un artiste sans en pouvoir trouver, ce qui mettait le capitaine d'une humeur atroce. Maintenant, il va être enchanté.

LOUET.

Comment ! c'est pour me conduire au capitaine, que vous me demandez si je joue de quelque instrument ?

LE LIEUTENANT.

Sans doute !

LOUET.

Vous allez me séparer de mes compagnons ?

LE LIEUTENANT.

Que diable voulez-vous que nous en fassions, de vos compagnons ? Ils ne sont pas musiciens, eux.

LOUET.

Messieurs, à mon secours, à mon aide ! vous ne me laisserez pas enlever ainsi !

LE LIEUTENANT.

Ces messieurs vont avoir la bonté de rester le nez en terre comme ils sont, sans bouger, pendant un quart d'heure ; dans un quart d'heure, ils pourront se remettre en route. Quant au jeune officier, liez-le à un arbre ; dans un quart d'heure, le conducteur le déliera. Entends-tu, conducteur ? si tu le délies avant un quart d'heure, tu auras affaire à moi. Maintenant, mon cher monsieur, votre instrument ?

LOUET.

Comment, mon instrument ?

LE LIEUTENANT.

Oui, votre instrument, où est-il ?

LOUET.

Mais, monsieur, je n'ai pas d'instrument.

LE LIEUTENANT.

Vous n'avez pas votre basse avec vous ?

LOUET.

Mais non, je ne l'ai pas, je l'ai laissée à Marseille. Vous voyez bien, monsieur, que je n'ai point ma basse.

LE LIEUTENANT.

C'est bien, on se procurera une basse dans les environs. Maintenant, en route ! et les plus grands égards pour le musicien. S'il résiste, ne le poussez que par où vous savez.

LOUET.

Par où ils savent !... mais, moi aussi, je suis curieux de savoir ! (Il résiste ; le Lieutenant lui donne un coup de pied dans le derrière.) Je le sais...

ACTE TROISIÈME

CINQUIÈME TABLEAU

L'intérieur d'une hôtellerie, dans une gorge des Apennins. A travers les ouvertures du fond, on aperçoit les montagnes. Tables dressées. Bandits buvant et mangeant.

—

SCÈNE PREMIÈRE

Le Capitaine, Zéphirine, les Bandits.

LE CAPITAINE, chantant.

Je suis de Sonnine,
Où, quand le jour luit,
   Le bandit
Prend sa carabine,
Sa femme, et lui dit :

« Vois-tu ces montagnes
Aux âpres sommets ?
Si tu m'accompagnes,
Là, je te promets
Ta part dans la prise
D'un riche signor,
Qui doit par surprise
Perdre son trésor.
Tu pourras en faire
Des colliers de verre,
Des aiguilles d'or. »

Je suis de Sonnine,
Où, quand le jour luit,
   Le bandit
Prend sa carabine.
Sa femme le suit.

(Reprise du chœur.)

LE CAPITAINE.

Là! et maintenant que nous avons mangé, que nous avons bu, que nous avons chanté, tu vas danser, n'est-ce pas, ma petite Rina?

ZÉPHIRINE.

Je ne danserai que quand j'aurai de la musique.

LE CAPITAINE.

Mais puisque j'ai donné l'ordre qu'on te trouve un musicien.

ZÉPHIRINE.

Est-il trouvé?

LE CAPITAINE.

Pas encore.

ZÉPHIRINE.

Alors, je ne danse pas.

LE CAPITAINE.

Mais puisque je t'en prie.

ZÉPHIRINE.

Qu'est-ce que cela me fait?

LE CAPITAINE.

Rina!

ZÉPHIRINE.

Tarare!

LE CAPITAINE.

Rina!

ZÉPHIRINE.

Chanson!

LE CAPITAINE.

Ouais! Qu'est-ce que ce bruit?

(Chacun se lève et court vers la porte.)

SCÈNE II

Les Mêmes, le Lieutenant, LOUET.

LE LIEUTENANT.

Voilà le musicien demandé.

TOUS.

Bravo! bravo! bravo!

LE LIEUTENANT.

Seulement, je meurs de faim.

LE CAPITAINE.

Alors, mettez-vous à table, toi et tes hommes.

LE LIEUTENANT.

Ce n'est pas de refus, capitaine.

(Ils se mettent à table.)

LOUET.

Capitaine, j'ai bien l'honneur...

LE CAPITAINE.

De quel pays es-tu?

LOUET.

Je suis Français, Excellence.

ZÉPHIRINE.

Ah! j'en suis bien aise.

LE CAPITAINE.

Tu es musicien?

LOUET.

Je suis quatrième basse au théâtre de Marseille.

ZÉPHIRINE.

Tiens! au théâtre de Marseille!

LE CAPITAINE.

J'espère, ma petite Rina, que, maintenant, tu ne feras plus de difficultés pour danser.

ZÉPHIRINE.

Je n'en ai jamais fait; mais vous comprenez bien que je ne pouvais pas danser sans musique.

LE CAPITAINE.

Faites apporter l'instrument de monsieur.

LE LIEUTENANT.

Il n'en avait pas.

LE CAPITAINE.

Comment! il n'en avait pas? tu dis qu'il n'avait pas de basse? Ah çà! que vient-on me chanter là? Comment! doubles brutes...

LOUET.

Capitaine, il ne faut pas gronder ces messieurs. Ce n'est pas de leur faute. Ces messieurs ont cherché partout, jusque dans mon gilet de flanelle, et, si j'avais eu ma basse, ils l'eussent certainement trouvée; mais je n'avais pas ma basse.

LE CAPITAINE.

Et comment n'avais-tu pas ta basse?

LOUET.

Je prie Votre Excellence d'être convaincue que, si j'eusse connu sa prédilection pour cet instrument, j'en eusse plutôt pris deux qu'une.

LE CAPITAINE.

C'est bien... Que l'on parte à l'instant même pour Sienne, pour Volterra, pour Grosseto, pour où l'on voudra, et que, dans deux heures, j'aie une basse.

LE LIEUTENANT.

Inutile, capitaine; j'ai envoyé partout, et j'espère qu'avant une heure, vous aurez ce que vous désirez.

LE CAPITAINE.

Et, quand la basse sera venue, tu danseras, ma petite Rina?

ZÉPHIRINE.

Si je suis bien disposée et si vous êtes bien aimable.

LE CAPITAINE.

Méchante! Tu sais bien que tu fais de moi tout ce que tu veux. Mais, enfin, j'espère que je ne t'aurai pas fait faire inutilement un théâtre.

ZÉPHIRINE.

Ah! oui, un beau théâtre! quatre planches sur deux tonneaux.

LOUET.

C'est le théâtre primitif; Thespis, le fondateur de la tragédie, n'en avait pas d'autre.

ZÉPHIRINE.

Mon ami, vous n'avez même pas demandé à ce brave homme s'il avait faim.

LOUET.

Mademoiselle, croyez que je suis touché de cette attention.

LE CAPITAINE.

Au fait, as-tu faim?

LOUET.

Ma foi, capitaine, puisque vous avez la bonté de me faire cette question, je vous avouerai que je n'ai fait qu'un assez mauvais dîner à Scarlino; de sorte que je mangerais bien un morceau sur le pouce.

LE LIEUTENANT.

Alors, venez vous mettre ici.

LE CAPITAINE.

Allons, fais, puisqu'on te le dit.

LOUET.

Capitaine !

ZÉPHIRINE.

Allons, mettez-vous donc à table! irez-vous faire des façons avec Tonino, un ami, et avec moi, une compatriote?

LOUET.

Ah! M. le capitaine s'appelle Tonino? Un joli nom, bien musical.

ZÉPHIRINE.

Il s'appele Antonio; mais, moi, je l'appelle Tonino; un petit nom d'amitié. Et je l'appelle ainsi parce que je l'aime, voilà.

LE CAPITAINE.

Enchanteresse, va !

UN BANDIT, entrant avec une basse.

Capitaine, une basse.

LE CAPITAINE.

Une basse! bravo !

DEUXIÈME BANDIT, entrant.

Capitaine, une basse.

LE CAPITAINE.

Bon !

UN TROISIÈME BANDIT.

Capitaine, une basse.

LE CAPITAINE.

Eh bien, que dis-tu de la façon dont on me sert?

LOUET.

Je dis, capitaine, que, si cela continue, il y aura dans les environs une hausse de basses.

LE CAPITAINE.

C'est bien; quand tu auras soupé, tu choisiras la meilleure, et l'on fera du feu avec les autres. Maintenant, tu sais ce que tu m'as promis, ma petite Rina.

ZÉPHIRINE.

Je n'ai rien promis.

LE LIEUTENANT, passant le solitaire au Capitaine.

Capitaine !

LE CAPITAINE, passant le solitaire au doigt de Zéphirine.

Ah! si je t'en prie bien...

ZÉPHIRINE.

Vous savez que je n'ai rien à vous refuser.

LOUET.

Ah çà! mais que fait donc M. le capitaine?... Il me semble qu'il passe mon solitaire au doigt de cette baladine. Ah çà! mais...

LE CAPITAINE.

Eh bien, qu'y a-t-il?

LOUET.

Rien, capitaine, rien.

LE CAPITAINE, à Zéphirine.

Allons, va te préparer et ne sois pas longtemps.

ZÉPHIRINE.

Mettez votre montre sur la table.

LE CAPITAINE.

La voilà.

ZÉPHIRINE.

Je demande cinq minutes; est-ce trop?

LOUET.

Ah! non, certainement non!

LE CAPITAINE.

Va pour cinq minutes, mais pas une de plus.

ZÉPHIRINE, sortant.

C'est bien, on n'a que sa parole.

SCÈNE III

Les Mêmes, hors ZÉPHIRINE.

LE CAPITAINE.

Et, maintenant, j'espère bien que nous allons nous distinguer, monsieur le musico?

LOUET.

Je ferai de mon mieux, capitaine.

LE CAPITAINE.

A la bonne heure! et, si je suis content de toi, je te ferai rendre tes cent écus.

LOUET.

Pardon, capitaine : et mon solitaire?

LE CAPITAINE.

Quant à ton solitaire, il faut en faire ton deuil. D'ailleurs, tu l'as vu, c'est Rina qui l'a, et tu es trop galant pour le lui reprendre.

LOUET.

Certainement, capitaine, je suis trop galant. Cependant, si, elle n'y tenait pas beaucoup, à mon solitaire, comme c'est un sentiment...

LE CAPITAINE.

Chut ! (Aux Bandits.) Ah çà! vous autres, je vais vous donner un plaisir de cardinaux, j'espère que vous serez contents.

TOUS.

Vive le capitaine !

SCÈNE IV

Les Mêmes, ZÉPHIRINE, en costume de danseuse.

ZÉPHIRINE.

Vive le capitaine !

LE CAPITAINE.

A ton poste, l'orchestre!

LOUET.

Sur quel air voulez-vous danser, mademoiselle ?

ZÉPHIRINE.

Connaissez-vous le pas de châle du ballet de *Clary?*

LOUET.

Certainement ! c'est mon air favori.

ZÉPHIRINE.

Eh bien, allez, je vous attends.

(Il commence la ritournelle, les Bandits font cercle, Zéphirine danse.)

LOUET, tout en jouant de la basse.

C'est étonnant ! voilà une paire de jambes que je connais; j'ai vu ces jambes-là quelque part. Ce ne sont point des pas qu'elles dansent, ce sont des signes qu'elles font. Je suis sûr que, si ces jambes-là pouvaient parler, elles me diraient : « Bonjour, monsieur Louet ! »

(Danse.)

TOUS.

Bravo ! bravo ! bravo !

ZÉPHIRINE.

Maintenant, mille remerciments, cher monsieur Louet. Vous valez à vous seul tout un orchestre.

LOUET.

Mademoiselle !... (Zéphirine lui donne la main, et, en lui donnant la main, lui met un billet dedans.) Un billet! elle me remet un billet en cachette du capitaine. Cette baladine serait-elle amoureuse de moi.?

ZÉPHIRINE.

Maintenant, mon cher monsieur Louet, il me semble qu'après le chemin que vous avez fait, qu'après les émotions que vous avez eues, qu'après le service que vous venez de nous rendre, vous avez besoin de quelque repos.

LOUET.

Je ne dois pas vous cacher, mademoiselle, que vous allez au-devant de mes désirs, et que, si vous pouviez me procurer une chambre et un lit...

LE CAPITAINE.

C'est assez difficile, mon cher monsieur, attendu que les chambres sont toutes prises; mais vous avez cette salle et le canapé, dont vous pouvez disposer entièrement.

LOUET.

Monsieur, je m'en contenterai: à la guerre comme à la guerre!

LE CAPITAINE.

Enchanté que vous soyez si accommodant, monsieur.

ZÉPHIRINE.

Bonne nuit!

LE CAPITAINE.

Allons, rentre, ma petite Rina; moi, je vais placer mes sentinelles. Enfants, nous partons au point du jour, pour Caprarola, en passant par Sorano.

ZÉPHIRINE.

Ne soyez pas longtemps!

LE CAPITAINE.

Oh! sois tranquille!

ZÉPHIRINE, bas, à Louet.

Lisez mon billet.

(Le Capitaine sort par le fond, Zéphirine par le côté.)

SCÈNE V.

LOUET, seul.

Maintenant que me voilà seul, voyons ce petit billet que

m'a remis la danseuse. Si c'est quelque tentation contre ma vertu, il sera toujours temps de jouer le rôle de Joseph. Ah! que ne suis-je encore à l'orchestre de Marseille, pour accompagner cette charmante romance :

> A peine au sortir de l'enfance,
> Quatorze ans au plus je comptais...

Mais je ne suis pas à l'orchestre de Marseille, je suis égaré, perdu sur une terre étrangère, dans un affreux village dont je ne sais pas même le nom, et, au lieu de mes amis les bassons et de mes amies les clarinettes, j'ai autour de moi un tas de bandits... Lisons ce billet. « Mon cher monsieur Louet!... » Qui diable a pu lui dire mon nom ? Enfin !... « Mon cher monsieur Louet, vous comprenez que la compagnie où je me trouve ne me plaît pas plus qu'à vous ; mais, pour la quitter sans accident, il faut de la prudence plus encore que de la résolution. J'espère que, le moment venu, vous ne manquerez ni de l'une ni de l'autre. D'ailleurs, je vous donnerai l'exemple. En attendant, faites semblant de ne pas me connaître ! » Mais je ne la connais pas non plus. Il n'y a que ses jambes ! ses diables de jambes ! Continuons ! « J'aurais voulu pouvoir vous rendre votre solitaire, que je vous ai vu regarder plusieurs fois avec mélancolie ; mais, comme j'en ai besoin pour notre délivrance, je le garde. Adieu, cher monsieur Louet ; nous nous retrouverons un jour tous les deux, je l'espère, vous à l'orchestre, et moi sur le théâtre de Marseille. ZÉPHIRINE. » Ah ! Zéphirine ! Zéphirine ! c'est, ma foi, vrai ! C'est la petite Zéphirine, qui, pendant trois ans, a eu un tel succès, qu'elle a été réengagée trois fois de suite au théâtre de Marseille. Je me disais bien que je reconnaissais ces jambes-là. Ah ! il y a un post-scriptum ! « *Post-Scriptum :* Avalez mon billet ! » Comment ! que j'avale son billet ? C'est prudent, j'en conviens, mais ce n'est pas agréable. (Il mâche le billet.) Maintenant que j'ai soupé, couchons-nous. Ah !...

SCÈNE VI

LOUET, ZÉPHIRINE.

ZÉPHIRINE.

Monsieur Louet !

LOUET.

Hein?

ZÉPHIRINE.

Monsieur Louet!

LOUET.

Ah! c'est vous? Je l'ai avalé. Ç'a été dur, mais enfin, c'est fait.

ZÉPHIRINE.

Bon! veillez à ce que l'on ne nous surprenne pas.

LOUET.

Comment, à ce que l'on ne nous surprenne pas?

ZÉPHIRINE.

Faites ce que je vous dis. (Elle s'approche de la glace et écrit avec le solitaire.) Personne?

LOUET.

Non!

ZÉPHIRINE.

« Cher Ernest, je sais que tu me cherches. Nous partons cette nuit pour Caprarola, en passant par Sorano. »

LOUET.

Que fait-elle?

ZÉPHIRINE.

Maintenant, nous sommes sauvés, mon cher monsieur Louet.

LOUET.

Et comment cela, mademoiselle?

ZÉPHIRINE.

Ernest doit être sur nos traces.

LOUET.

Qu'est-ce qu'Ernest, s'il vous plaît, mademoiselle?

ZÉPHIRINE.

Un jeune officier de hussards, mon amant.

LOUET.

Un jeune officier de hussards, M. Ernest! mais je le connais, moi!

ZÉPHIRINE.

Un jeune officier de hussards de vingt-cinq à vingt-six ans. Ah! vous le connaissez?

LOUET.

Mais oui, j'ai voyagé avec lui de Piombino à l'endroit où l'on nous a arrêtés. C'est lui qui a tiré les coups de pistolet sur les bandits ; c'est lui qui m'a dénoncé comme musicien, parce que je lui avais dit...

ZÉPHIRINE.

Que lui aviez-vous dit ?

LOUET.

Moi ? Rien !... Ah ! c'est votre amant, ce cher monsieur Ernest ? Ah çà ! mais il est donc sorcier ?

ZÉPHIRINE.

Comment cela ?

LOUET.

Puisqu'il est sur nos traces, dites-vous.

ZÉPHIRINE.

C'est moi qui lui ai fait savoir que nous étions ici.

LOUET.

Ah !... Mais vous partez demain ?

ZÉPHIRINE.

Il trouvera notre itinéraire sur la glace.

LOUET.

Ah ! c'est donc cela que vous écriviez avec mon solitaire ? Voilà donc pourquoi vous le gardiez? Mademoiselle, mille pardons des soupçons exagérés que j'avais conçus ! Au reste, il doit bien marquer, c'est un vrai diamant.

ZÉPHIRINE.

Oh ! quand je pense que, demain ou après-demain, je le reverrai, ce cher Ernest !

LOUET.

Pardon, mademoiselle, permettez-moi de vous faire une observation.

ZÉPHIRINE.

Laquelle?

LOUET.

Comment vous trouvez-vous dans cette société, puisque vous la méprisez tant ?

ZÉPHIRINE.

Et comment vous y trouvez-vous, vous-même ?

LOUET.

Mais, moi, j'y ai été conduit de force.

ZÉPHIRINE.

Et moi, croyez-vous que j'y sois venue de bonne volonté ?

LOUET.

Alors, ce brigand de capitaine...?

ZÉPHIRINE.

Il m'a vue danser au théâtre de Bologne et est devenu amoureux de moi.

LOUET.

Mais c'est donc un athée que ce capitaine, qui ne respecte ni les danseuses ni les contre-basses?

ZÉPHIRINE.

Ce qui me fait le plus de peine dans tout cela, c'est que le pauvre Ernest aura cru que j'étais partie avec un cardinal, parce qu'il y avait, en ce moment-là, un cardinal qui me faisait la cour. Mais silence, voilà Tonino !...

SCÈNE VII

Les Mêmes, le Capitaine.

LE CAPITAINE.

Ah ! ah ! vous causez ?

ZÉPHIRINE.

Mais oui ; nous renouvelons connaissance, ce cher M. Louet et moi.

LE CAPITAINE.

Et où donc vous êtes-vous connus ?

ZÉPHIRINE.

Mais au théâtre de Marseille, où j'étais première danseuse, et où monsieur était quatrième basse.

LE CAPITAINE.

Tiens, comme cela tombe !

LOUET.

Oh ! n'est-ce pas ? cela tombe à merveille.

LE CAPITAINE.

A merveille ! Cela te fera une société, ma petite Rina, quand je serai à mes affaires.

LOUET.

Une société ?

LE CAPITAINE.

Mais oui. En route, elle s'ennuie quelquefois, cette pauvre Rina.

LOUET.

Comment ! mais vous ne m'emmènerez pas avec vous, j'espère, capitaine ?

LE CAPITAINE.

Si fait.

LOUET.

Comment, si fait?

LE CAPITAINE.

Sans doute; Rina ne peut danser si elle n'a pas de musique.

LOUET.

Mais, capitaine, vous allez m'exposer à mille dangers.

LE CAPITAINE.

Pas plus que nous, pas moins que nous.

LOUET.

Mais c'est votre état, à vous, capitaine, et ce n'est pas le mien.

LE CAPITAINE.

Combien touchais-tu à ta baraque de théâtre?

LOUET.

Ma baraque de théâtre!

LE CAPITAINE.

Combien touchais-tu?

LOUET.

J'avais huit cents francs, capitaine.

LE CAPITAINE.

Eh bien, je te donne mille écus, moi. Va donc chercher un entrepreneur de théâtre qui t'en donne autant.

SCÈNE VIII

Les Mêmes, le Lieutenant, puis l'Aubergiste, entrant tout effaré.

LE LIEUTENANT.

Capitaine! capitaine!

LE CAPITAINE.

Qu'y a-t-il?

LE LIEUTENANT.

Les hussards!

LE CAPITAINE.

Comment, les hussards?

LE LIEUTENANT.

Oui, les hussards de la grande-duchesse.

ZÉPHIRINE.

Oh! cher Ernest!.

LE CAPITAINE.

Aux armes! aux armes! un cheval pour Rina, un cheval pour le musicien.

L'AUBERGISTE, entrant.

Les hussards! les hussards!

LE CAPITAINE, à Louet.

Mille tonnerres! tu oublies ta basse, je crois?

LOUET.

Moi, capitaine? Non. Seulement, elle va me gêner.

LE CAPITAINE.

Qu'on lui lie sa basse sur le dos, et qu'on le lie sur son cheval.

UN BANDIT.

Les chevaux sont prêts.

LE CAPITAINE.

En route! en route!

(Tout le monde se sauve; on entend des coups de fusil.)

L'AUBERGISTE.

Ah! oui, tirez! tirez! ils sont dans le ravin maintenant. Bonsoir, messieurs les Français!

SCÈNE IX

L'AUBERGISTE, ERNEST, sautant par la fenêtre.

ERNEST, le sabre à la main.

Bonjour, monsieur l'aubergiste.

L'AUBERGISTE.

Miséricorde!

ERNEST.

Pas un geste, pas un cri! Ils étaient ici, n'est-ce pas?

L'AUBERGISTE.

Ils en sortent.

ERNEST.

Il y avait une femme avec eux?

L'AUBERGISTE.

Une danseuse.

ERNEST.

Bien ! (A deux Hussards.) Gardez ce drôle ! (Il prend une lampe et cherche.) Rien sur les vitres ! rien sur la porte !... Ah ! sur cette glace, voici : « Cher Ernest, je sais que tu me cherches. Nous partons cette nuit pour Caprarola, en passant par Sorano. » C'est bien ! je sais ce que je voulais savoir. Mettez ce drôle en travers d'un cheval, et en route !

TOUS LES HUSSARDS.

En route !

SIXIÈME TABLEAU

Le vestibule d'une riche villa, donnant sur de vastes jardins.

SCÈNE PREMIÈRE

LE CAPITAINE, ZÉPHIRINE, LE LIEUTENANT, LOUET, DOMESTIQUES, au fond.

LES DOMESTIQUES.

Bon retour, capitaine ! Vive le capitaine ! vive...

LE CAPITAINE.

Silence !... Ici, ma petite Rina, tu n'as plus rien à craindre, et te voilà dans tes domaines.

ZÉPHIRINE.

Dieu soit loué ! il y a assez longtemps que nous courons les champs.

LOUET, à qui un Domestique veut prendre sa basse.

Non pas, s'il vous plaît, non pas ! je tiens à conserver ma basse. C'est ma sauve-garde, à moi, sans compter que c'est un excellent instrument, qui me sera fort utile en France, si jamais j'y retourne. (Le Domestique insiste.) Mais quand je vous dis que non, mon ami, non ! non !

LE LIEUTENANT, allongeant un coup de pied au Domestique.

Eh bien !

LOUET.

Oh ! il ne faut pas en vouloir à ce brave homme, monsieur : c'était à bonne intention.

ZÉPHIRINE.

Oh! quelle bonne figure vous faites, mon cher monsieur Louet!

LOUET.

Mademoiselle, c'est la première fois de ma vie que je monte à cheval, et je débute par faire quatre-vingts lieues; de sorte que, physiquement parlant, je suis roide comme ma basse.

ZÉPHIRINE.

Voilà donc ce fameux château dont vous m'avez parlé?

LE CAPITAINE.

N'est-il pas de ton goût, petite?

ZÉPHIRINE.

Je le trouve magnifique; et vous, monsieur Louet?

LOUET.

Un véritable palais, mademoiselle; je suis tout à fait de votre avis.

ZÉPHIRINE.

Ainsi, il est convenu que, dans ce palais, je suis reine?

LE CAPITAINE.

C'est-à-dire que vous avez droit de vie et de mort sur ses habitants.

ZÉPHIRINE.

Alors, je désire qu'on me laisse seule dans une chambre, car je ne veux pas me montrer à mes sujets de... Comment s'appelle mon château?

LE CAPITAINE.

Anticoli.

ZÉPHIRINE.

A mes sujets d'Anticoli, dans cet équipage: je leur ferais peur.

LE CAPITAINE.

Coquette, va!... Voici la chambre demandée.

ZÉPHIRINE.

Au revoir!

SCÈNE II

LOUET, LE CAPITAINE.

LOUET.

Pardon, capitaine; mais, si j'ai bien compris, vous avez

parlé de ce château comme d'un domaine vous appartenant. Est-ce une propriété de famille ou un bien patrimonial?
####### LE CAPITAINE.
Ni l'un ni l'autre, mon cher monsieur Louet. Je n'en ai que l'usufruit. Vous comprenez que, si je possédais un palais pareil, le gouvernement s'en inquiéterait. Non, c'est à un seigneur romain qui me le prête, et à qui je paye une petite rente; le brave homme est retenu à la ville par sa charge, et il utilise sa maison de campagne en me la louant.
####### LOUET.
Alors, nous serons ici comme des coqs en pâte.
####### LE CAPITAINE.
Pardon, je ne comprends pas bien.
####### LOUET.
C'est juste. Coq en pâte est un gallicisme un peu fort pour un Italien. Je veux dire, monsieur, que nous serons ici à merveille.
####### LE CAPITAINE.
A merveille, c'est le mot. Peut-être faudra-t-il bien, de temps en temps, faire le coup de fusil. Mais ce sont les agréments du métier.
####### LOUET.
Je rappellerai au capitaine que je ne me suis engagé à son service que pour jouer de la basse.
####### LE CAPITAINE.
Mais, alors, qu'est-ce que c'est donc que ce fusil et cette carnassière que vous réclamez comme à vous?
####### LOUET.
C'était à moi effectivement, capitaine. A propos...
####### LE CAPITAINE.
Quoi?
####### LOUET.
Avez-vous une belle chasse dans vos domaines?
####### LE CAPITAINE.
Magnifique!
####### LOUET.
Quelle sorte de gibier?
####### LE CAPITAINE.
Toutes les sortes.
####### LOUET.
Avez-vous des chastres?

LE CAPITAINE.
Des chastres? Par volées!
LOUET.
Alors, je me charge des rôtis.
LE CAPITAINE.
Et je vous donnerai trois ou quatre de mes gens pour vous servir de rabatteurs, mon cher monsieur Louet.
LOUET.
Merci, capitaine; mais, si j'osais vous rappeler...
LE CAPITAINE.
Quoi?
LOUET.
Encore une autre promesse que vous avez eu la bonté de me faire.
LE CAPITAINE.
Laquelle?
LOUET.
Mes... mes cent écus.
LE CAPITAINE.
Ah! c'est juste! (A un Valet.) Vous direz au lieutenant de rendre les cent écus à ce brave homme.
LOUET.
Merci, capitaine. Maintenant, j'aurais encore un autre désir, indiscret peut-être, mais n'importe, je voudrais le manifester.
LE CAPITAINE.
Manifestez, mon cher monsieur.
LOUET.
Si, avec une partie de ces cent écus, on pouvait se procurer un petit peu de linge et quelques habits de rechange... Cette veste me paraît peu convenable, relativement à notre nouveau domicile.
LE CAPITAINE.
Je suis heureux d'avoir prévenu vos désirs, et voilà tout ce qu'il vous faut.
LOUET, à un Valet qui porte des chemises, des culottes et des habits.
Qu'est-ce que c'est que cela?
LE CAPITAINE.
C'est ce que vous demandez.

LOUET.

Vraiment? Ah çà! mais je suis comme Aladin, je n'ai qu'à souhaiter pour voir mes souhaits accomplis.

LE CAPITAINE.

Ne vous arrêtez donc pas en si beau chemin, monsieur Louet, et souhaitez encore quelque chose.

LOUET.

Eh bien, capitaine, je souhaite une chambre.

LE CAPITAINE.

On s'occupe de vous en préparer une; mais, comme je désire que vous en soyez satisfait, j'ai ordonné certaines petites dispositions, des verrous aux portes, des barreaux aux fenêtres.

LOUET.

Oui. Merci, capitaine... Mais, en attendant, où vais-je m'habiller?

LE CAPITAINE.

Habillez-vous ici.

LOUET.

Ici? Diable! c'est bien en vue, capitaine. Et mademoiselle Zéphirine qui, d'un moment à l'autre, peut sortir de son appartement.

LE CAPITAINE.

Bah! voilà un paravent.

LOUET.

Le fait est qu'avec un paravent... Vous vous en allez, capitaine?

LE CAPITAINE.

Oui. Vous comprenez qu'après une absence de six mois, j'ai quelques ordres à donner.

LOUET.

Faites, capitaine, faites.

LE CAPITAINE.

Je vous laisse ce garçon pour vous servir de valet de chambre.

LOUET.

Merci.

SCÈNE III

LOUET, LE VALET, puis ERNEST.

LOUET, montrant tous les habillements.

Là ! posez cela sur une chaise... Quand je pense que toute cette friperie-là est, selon toute probabilité, le bien de mon prochain... Ouf !... cela fait frémir !... Posez cela sur une chaise, mon ami. Après cela, les Italiens, les Anglais et les Allemands, est-ce du prochain ? Je ne crois pas, attendu que la religion nous dit d'aimer notre prochain comme nous-mêmes, et que voilà tantôt vingt ans que, sans interruption, nous envoyons des boulets et des balles à notre prochain ; ce qui n'est pas la preuve d'un grand amour. Mon ami, je vous ai déjà dit de poser cela sur une chaise.

LE VALET.

Non capisco.

LOUET.

Ah ! oui, voilà le *non capisco* revenu. Cela veut dire qu'il ne comprend pas. C'est bien... Je ne saurais, sans être injuste, t'en vouloir pour cela. Seulement, tu eusses dû me dire tout de suite : « Excusez-moi, monsieur Louet, je ne comprends pas. » Donne, et, maintenant, va-t'en, va ! (Il se retourne, le Valet le prend par le collet de sa veste et essaye de le déshabiller.) Non ! non ! j'ai l'habitude de faire toutes ces choses-là moi-même ; je déteste qu'on me touche ; je suis très-chatouilleux... Merci, merci. (Le Valet veut le suivre derrière le paravent.) Comment ! il veut entrer dans mon cabinet de toilette... Mon ami, je n'ai plus aucunement besoin de vous, et je vous prie... Ah ! tu ne comprends pas ? Attends, je vais te faire comprendre ! (Il le prend par le bras et le reconduit jusqu'à la porte, qu'il ferme derrière lui.) Là ! (Revenant.) J'espère qu'on va me laisser un peu tranquille, maintenant. (Il s'enferme dans son paravent.) En vérité ! ce capitaine est brave homme au fond, et, s'il tient toutes ses promesses aussi exactement qu'il l'a fait jusqu'à présent ; s'il me paye régulièrement mes appointements de mille écus pour habiter ce château, boire, manger, chasser et jouer de la basse à mes moments perdus, je trouverai la condition assez agréable. J'ai envie de mettre la culotte jaune, moi !... avec le gilet blanc et cet habit bleu... j'aurai l'air d'un marguillier... Oui... mettons la culotte jaune. Que l'on a bien raison de dire : « L'homme propose et Dieu dispose. » Je m'étais proposé, dimanche dernier, de me mettre à l'affût pour le passage des pigeons; je m'étais proposé de revenir tranquillement le soir à Marseille, de recommencer le lendemain mon petit train de vie... Et voilà que j'ai vu Nice, l'île d'Elbe, Piombino, Grosseto, Chianciano, sans compter ce que je verrai encore. (Il entend du bruit.) Hein? (Un homme en costume de paysan apparaît à la fenêtre, entre et s'avance avec précaution dans l'obscurité.) J'avais cru entendre quelqu'un... (Le Paysan se heurte à la table.) Bon!... je ne me trompais pas... Qui diable vient encore me déranger?... Il me semble qu'on s'approche de mon paravent... Voyons, voyons un peu. (Il monte sur sa chaise d'un côté, l'homme monte de l'autre sur un fauteuil, de manière qu'ils se trouvent nez à nez.) Eh bien, monsieur... qu'est-ce que c'est donc que cette indiscrétion?

ERNEST.

Tiens!... c'est vous, monsieur Louet!

LOUET.

Oui, c'est moi, monsieur; mais comment savez-vous que c'est moi?

ERNEST.

Vous ne me reconnaissez pas?

LOUET.

Je n'ai point cet honneur.

ERNEST.

Ernest, officier de hussards, votre compagnon de voyage...

LOUET.

Ah! monsieur Ernest... c'est vous! Donnez-vous donc la peine de vous asseoir. Ah! mais non, au contraire, ne vous asseyez pas... Vous savez où vous êtes?

ERNEST.

Oui, je suis à Anticoli. Mais Zéphirine, où est-elle?

LOUET.

Ici, monsieur, ici, dans la chambre à côté. Prisonnière monsieur Ernest!... prisonnière comme moi.

ERNEST.

Bien! dites-lui qu'elle ne le sera pas longtemps.

LOUET.

Ah! tant mieux!

ERNEST.
Dites-lui... Chut!...
LOUET.
Qu'y a-t-il?...
ERNEST.
Il nous arrive quelqu'un, et je ne me soucie pas d'être vu !
LOUET.
Peste! et vous avez raison.
ERNEST.
A cette nuit, monsieur Louet.
LOUET.
A cette nuit?
ERNEST.
Oui, et bien des choses à Zéphirine...
LOUET.
Je n'y manquerai pas.

SCÈNE IV

LOUET, derrière le paravent; LE LIEUTENANT.

LE LIEUTENANT.
Eh bien, cher monsieur Louet, où en sommes-nous ?
LOUET.
J'achève, monsieur, j'achève.
LE LIEUTENANT.
Avec qui donc causiez-vous quand je suis entré ?
LOUET, à part.
Ah! diable! (Haut.) Je ne causais avec personne ; je parlais tout seul. (Le Lieutenant visite le paravent.) Oui, cela m'arrive quelquefois ; j'ai la mauvaise habitude du monologue.
LE LIEUTENANT.
Hum

SCÈNE V

LES MÊMES, ZÉPHIRINE, puis LE CAPITAINE.

ZÉPHIRINE.
Ah! cher monsieur Louet, comme vous voilà magnifique!

LOUET.

Oui, mademoiselle, grâce à la munificence du capitaine, à qui je voudrais bien avoir l'honneur de présenter mes remerciments.

LE CAPITAINE, entrant.

Et qui les reçoit de tout cœur, cher monsieur Louet.

(On apporte une table toute servie.)

UN DOMESTIQUE.

Son Excellence est servie.

LE CAPITAINE.

Je ne sais si vous serez content du cuisinier, mon cher monsieur Louet; c'est un cuisinier français que l'on dit assez bon. Je lui ai commandé deux ou trois plats provençaux à votre intention.

LE LIEUTENANT, prenant du tabac dans une tabatière d'or.

Des plats à l'ail?... Ah! fi donc!...

LOUET, goûtant le potage.

C'est de la bouillabaisse.

LE CAPITAINE.

Vous avez jeté un coup d'œil sur le parc, monsieur Louet?

LOUET.

Oui, en passant; vous m'avez dit qu'il était fort giboyeux.

LE CAPITAINE.

Rappelez-vous que vous avez promis de vous charger du rôti.

LOUET.

Et je vous renouvelle ma promesse, capitaine... Seulement, vous aurez la bonté de me faire rendre mon fusil; j'en ai l'habitude... Que voulez-vous! je ne tire bien qu'avec celui-là.

LE CAPITAINE.

Voulez-vous un chien, ou n'en voulez-vous point?

LOUET.

Monsieur, j'aime mieux chasser sans chien; le dernier m'a insulté d'une façon trop cruelle, et j'aurais peur que la chose ne se renouvelât.

LE CAPITAINE.

A votre guise, cher monsieur Louet.

UN BANDIT, entrant.

Capitaine! capitaine!...

LE CAPITAINE.

Hein? qu'est-ce?

LE BANDIT.

C'est pour affaire sérieuse.

LE CAPITAINE.

Lieutenant, allez! et tâchez, quelle qu'elle soit, de remettre cette affaire sérieuse à demain.

LE LIEUTENANT.

J'y vais.

LE CAPITAINE.

Si vous préfériez, au lieu de chasser, mon cher monsieur Louet, monter à cheval avec nous?

LOUET.

Non, merci; je n'ai pas l'habitude du cheval, de sorte que ce n'est pas un plaisir pour moi d'y monter, parole d'honneur.

LE CAPITAINE.

C'est qu'en un temps de galop, nous aurions poussé jusqu'à Rome.

LOUET.

Jusqu'à Rome?

LE CAPITAINE.

Ah! mon Dieu, oui.

LOUET.

Nous ne sommes donc pas très-loin de Rome?

LE CAPITAINE.

A une demi-lieue, tout au plus.

LE LIEUTENANT, de la porte.

Capitaine!

LE CAPITAINE.

Eh bien?

LE LIEUTENANT.

Venez, c'est très-grave.

LE CAPITAINE.

Pardon, chère amie, les affaires avant tout.

ZÉPHIRINE.

Faites, monsieur, faites.

(Le Capitaine va au fond.)

LOUET, bas, à Zéphirine.

Je l'ai vu!

ZÉPHIRINE.

Qui?

LOUET.

M. Ernest.

ZÉPHIRINE.

Où?

LOUET.

Ici.

ZÉPHIRINE.

L'imprudent!

LOUET.

Il m'a chargé de vous dire que, cette nuit, vous auriez de ses nouvelles.

ZÉPHIRINE.

Ah! voilà donc les affaires graves qui préoccupent ces messieurs!

LOUET.

Comment, vous croyez que nous allons encore avoir des coups de fusil?

ZÉPHIRINE.

Je l'espère bien.

LOUET.

Mais c'est donc une Amazone, une Jeanne d'Arc, que cette femme?... Que je suis bête!... Qu'est-ce que je dis donc là? (Coups de feu.) Ah! mon Dieu! écoutez, mademoiselle!

ZÉPHIRINE.

Bon! voilà que ça commence!

LOUET.

Mademoiselle Zéphirine, j'espère que vous ne m'abandonnerez pas?

ZÉPHIRINE.

Moi, abandonner un ami? Jamais!

LOUET.

Mademoiselle, voilà que ça redouble!

ZÉPHIRINE.

Tant mieux! tant mieux! Entendez-vous comme les coups de fusil se rapprochent?

LOUET.

Ah! mon Dieu! mon Dieu!

ZÉPHIRINE.

Comment! cela vous contrarie?

LOUET.

Mademoiselle, cela fait plus que de me contrarier, je l'avoue ; cela m'épouvante.

ZÉPHIRINE.

Mais, au contraire, vous devriez être enchanté; si les coups de fusil se rapprochent, c'est que nos ennemis fuient.

LOUET.

Je suis enchanté, mademoiselle ; mais je voudrais bien qu'ils ne fuyassent point de notre côté. Ah çà ! mais on s'égorge !

ZÉPHIRINE.

Hélas ! oui... Oh ! pourvu qu'il n'arrive rien à Ernest !

LOUET.

Mais ils ne sont plus qu'à cent pas d'ici. Tenez, on sent la fumée.

UNE VOIX, en dehors.

Arrête ! misérable ! arrête !

ZÉPHIRINE.

Ernest ! la voix d'Ernest !

(Elle se précipite vers la porte.)

LOUET, la retenant.

Mais où allez-vous ?

ZÉPHIRINE.

Oh ! laissez-moi le rejoindre.

SCÈNE VI

Les Mêmes, le Capitaine.

LE CAPITAINE.

Zéphirine ! Zéphirine ! où es-tu ?

ZÉPHIRINE.

Silence !

LE CAPITAINE.

Zéphirine ! (Il aperçoit la jeune fille, s'élance vers elle et la saisit par le bras.) Pourquoi ne réponds-tu pas quand je t'appelle ? Viens ! viens !

ZÉPHIRINE, résistant.

Où voulez-vous me mener ? où voulez-vous me conduire ?

LE CAPITAINE.

Viens avec moi, viens !

ZÉPHIRINE.

Mais je ne veux pas aller avec vous, moi.

LE CAPITAINE.

Comment! tu ne veux pas venir avec moi?

ZÉPHIRINE.

Mais non; pourquoi vous suivrais-je? Je ne vous aime pas, moi. Vous m'avez enlevée de force, je ne vous suivrai pas!... Ernest! Ernest! par ici.

LE CAPITAINE.

Ernest! tu appelles Ernest! Ah! c'est donc toi qui nous trahissais?

(Il tire son couteau de sa ceinture.)

ZÉPHIRINE.

Monsieur Louet! si vous êtes un homme, à moi! à mon secours!

LOUET, saisissant sa basse et s'élançant vers le Capitaine.

Ah! misérable!

(Il lui donne un coup de contre-basse sur la tête. La contre-basse se défonce, coiffant la tête du Capitaine; celui-ci hurle et se débat, mais Louet le tien ferme et l'empêche de se dégager.)

ERNEST, à l'extérieur.

Zéphirine!

ZÉPHIRINE, s'élançant.

Ernest! Ernest! (Elle se jette dans ses bras.) Tiens! là! là!

(Elle montre du doigt le groupe de Louet et du Capitaine.)

SCÈNE VII

Les Mêmes, ERNEST et les Hussards.

ERNEST.

Mort ou vif, entendez-vous! mort ou vif, il nous le faut!

(Les Soldats se saisissent du Capitaine.)

LOUET.

Il était temps!

(Il tire son mouchoir et s'essuie le front.)

LE CAPITAINE, rageant.

Ah! que je te rattrape!

LOUET.

C'est bon, capitaine; je tâcherai de ne plus me trouver sur votre chemin.

ERNEST.

Emmenez ce misérable!

LE CAPITAINE, à part.

Heureusement que le geôlier du château est mon ami.

ZÉPHIRINE, prenant Louet par la main.

Tiens, Ernest, voilà mon sauveur; il est venu à mon secours, car je n'avais pas voulu lui céder, à ce monstre de capitaine. N'est-ce pas, monsieur Louet?

LOUET.

C'est l'exacte vérité, monsieur; elle n'avait pas voulu lui céder.

ERNEST.

Maintenant, ma chère Zéphirine, ce qu'il y a de mieux à faire, je crois, c'est de sortir d'ici. A cheval, monsieur Louet!

ZÉPHIRINE.

Oui! oui!

LOUET.

Prenez garde, mademoiselle Zéphirine! vous allez marcher sur un homme... Tiens, ce pauvre lieutenant! A propos, mes cent écus, autrement dit, mes trois cents francs!..

LE BRIGADIER.

Enlevez ce drôle et jetez-le dehors.

LOUET.

Un instant, attendez, n'enlevez pas. (Il fouille dans les poches du blessé, en tire une bourse et compte.) Il n'y a que quatre cents francs; mais cela ne fait rien, bah! Ah! pendant que nous y sommes, mademoiselle Zéphirine, puisque vous avez retrouvé M. Ernest, vous n'avez plus besoin de mon solitaire?

ZÉPHIRINE.

Oh! comment donc! Tenez, cher monsieur Louet.

LOUET.

Bon! il ne me manque plus que mon fusil et ma carnassière. Y a-t-il quelqu'un qui ait vu mon fusil et ma carnassière?... Ah! voilà! voilà! je les tiens!

ERNEST.

Là!... Eh bien, à présent, cher monsieur Louet, nous allons vous montrer une chose que vous désiriez voir depuis longtemps... Allons, vous autres, fanfares en l'honneur de notre victoire !

(Les trompettes sonnent, le théâtre change ; on voit toute la campagne de Rome. Rome au fond.)

SEPTIÈME TABLEAU

SCÈNE UNIQUE

ZÉPHIRINE, ERNEST, LOUET et LES HUSSARDS, d'un côté ; LES TROMPETTES sonnant, de l'autre ; PAYSANS et PAYSANNES.

LOUET.

Sans indiscrétion, monsieur, puis-je vous demander quelle est cette ville ?

ERNEST.

Saluez, monsieur Louet, c'est Rome !

LOUET.

Comment, Rome ? bien vrai ?

ERNEST.

Sans doute.

LOUET.

Et cette grande maison blanche ?

ERNEST.

C'est Saint-Pierre.

LOUET.

Ah ! oui : « C'est sur cette pierre... » Oh ! qu'est ce que je vois donc à droite de Saint-Pierre ? Chut ! chut ! (Il tire, un oiseau tombe ; il lui envoie son second coup à terre.) Il pourrait repartir.

TOUS.

Qu'est-ce que c'est ?

LOURT.

Mon chastre, messieurs! mon chastre!... Ah! maintenant que me voilà rentré dans mes cent écus, dans ma carnassière, dans mon solitaire, et que j'ai rejoint mon chastre, eh bien, parole d'honneur, je ne regrette plus mon voyage!

FIN DU TOME DIX-SEPTIÈME

F. AUREAU. — Imprimerie de Lagny.

www.ingramcontent.com/pod-product-compliance
Lightning Source LLC
Chambersburg PA
CBHW070530170426
43200CB00011B/2381